Einfach können **GUTE TEXTE**

Duden

Einfach können

GUTE TEXTE

Von Anke Ernst

1. Auflage

Dudenverlag
Berlin

INHALT

Vorwort

Heute schon geschrieben? Ich wette, ja. Seit wir Texte in Bildschirme eingeben, haben sich die Möglichkeiten zu schreiben vervielfacht. Wir schreiben aus diverseren Gründen und wählen unter zahlreichen Möglichkeiten, eigene Texte zu veröffentlichen. Heute sind wir alle Autorinnen und Autoren. Diese Entwicklung betrifft Berufstätige unmittelbar: Wer klar und mit Persönlichkeit kommunizieren kann, kommt auch im Job schneller voran.

Denn unsere Sprache hat sich verändert. Beamtendeutsch, Nominalstil, Schachtelsätze – das war einmal. Was immer noch gilt: Schreiben ist kein Hexenwerk, sondern Handwerk. Zu diesem Handwerk gehört, die eigene Schreibstimme zu entdecken. Manchmal auch, sie aus den Klammern des Deutschunterrichts zu lösen. Denn korrekte Texte gibt es heute überall, sogar von künstlicher Intelligenz. Eigene Worte allerdings machen sie unverwechselbar.

Ich liebe Sprachen. Paradoxerweise bremste mich mein Studium der Literaturwissenschaften beim Schreiben aus: Ich versuchte, den Stil der seitenlangen, verklausulierten Sätze meiner Bücher nachzuahmen und feilte tagelang an einzelnen Formulierungen. Bis ich fast an meiner Magisterarbeit gescheitert wäre.

Das Buch, das mir den Schreibflow für Abschlussarbeiten aufzeigte, finden Sie in den Literaturempfehlungen. Dank dieses Buchs wagte ich den Schritt ins hauptberufliche Schreiben. Der Weg führte mich vom Weltreiseblog über die Chefredaktion des Kunstmagazins *INDEX* hin zur freien Autorin.

Seit 2015 unterstütze ich als Schreibmentorin und zertifizierte Bildungsreferentin andere dabei, in eigenen Worten über ihre Expertise zu schreiben. Um im Netz gefunden zu werden und die Online-Schreibe zu üben, begann ich auf »Die Welt in Deinen Worten« zu bloggen und wöchentliche Newsletter zu verschicken. Wieder erlebe ich, was regelmäßiges Schreiben eben auch kann: Denkprozesse beschleunigen. Ich begreife schneller, was meine Leserinnen und Leser brauchen und wo ihre Herausforderungen liegen. Ich knüpfe Kontakte, vertiefe die relevanten, gewinne Kundinnen und Kunden. Last, but not least: Konzept und Manuskript dieses Ratgebers flossen so leicht aus meinem Kopf ins Textdokument, dass es mich selbst überraschte.

Ähnliche Aha-Erlebnisse wünsche ich Ihnen für Ihr berufliches Schreiben. Denn es ist immer angenehmer – für Schreibende wie Lesende –, wenn kluge Gedanken in eigenen, verständlichen Worten formuliert sind. Für diejenigen, die das wollen, habe ich diesen Ratgeber geschrieben:

- Für die Zweifelnden, die vermeintlich kein Talent zum Schreiben haben.
- Für die Fleißigen, die das Handwerk des Schreibens lernen wollen.
- Für die Neugierigen, die individuellere sprachliche Ausdrucksformen suchen – nicht nur, um zu informieren, sondern auch, um zu erzählen und zu inspirieren.
- Für die Pragmatischen, die effizienter und überzeugender kommunizieren möchten.
- Für die Mutigen, die auch in Texten Persönlichkeit und Haltung zeigen.

Also für alle, die mit ihrer Schreibstimme die passenden Menschen erreichen.

Sie gehören dazu? Schön, dass Sie hierher gefunden haben! Ich wünsche Ihnen viel Freude beim Schreiben guter Texte.

Anke Ernst

P. S.: Weitere Inhalte finden Sie auf meiner Website www.indeinenworten.de. Wie Sie zu Material exklusiv für Leserinnen und Leser dieses Ratgebers gelangen, lesen Sie auf Seite 89.

IHRE SCHREIBSTIMME

Gute Texte sind unverwechselbar und bleiben im Kopf. Sie werden gerne gelesen. Das passiert, wenn die Lesenden spüren, dass sie ein Mensch geschrieben hat. Jemand, der die Regeln kennt, aber auch mal drauf pfeift. Das bedeutet nicht, rechtschreiblich falsche Texte zu schreiben. Es bedeutet, mit Sprache kreativ umzugehen. Freude daran zu haben oder (neu) zu entdecken, sich auszudrücken. Das Schreiben nicht nur als Mittel zum Zweck wahrzunehmen, sondern auch als Ausdrucksform der eigenen Persönlichkeit.

Das müssen Sie sich vielleicht antrainieren. Oder sagen wir: Sie dürfen sich abtrainieren, besonders intelligent oder professionell klingen zu wollen. Denn genau das steht uns oft im Weg. In Ihrer eigenen Stimme schreiben Sie, wenn Sie im Einklang mit sich formulieren und dabei Freude haben.

Was wir in der Schule übers Schreiben lernen

DAS TALENT ZUM SCHREIBEN

Waren Sie gut oder schlecht in Deutsch? Möglich, dass Sie aus viel Rotstift in Ihren Texten, wie viele, geschlossen haben: »Ich habe kein Talent zum Schreiben.« Vielleicht war es Ihnen aber auch egal, denn Deutsch war eh ein Laberfach. Nicht so ernst zu nehmen also. Sicher ist: In der Schule lernen wir eine bestimmte Art des Schreibens – Erörterungen, Inhaltsangaben, Interpretationen. Gute Texte schrieben Sie, wenn Sie diese Art des Schreibens beherrschten. Diese Art des Schreibens ist jedoch nicht die, die Ihnen im Beruf nützt. Im Gegenteil. Sie hindert Sie möglicherweise sogar daran, berufliche Texte zu schreiben. Sie fördert Frust und den Glauben, Talent zum Schreiben zu brauchen. Was Sie jedoch mitbringen sollten, sind Handwerkszeug und den Mut zur eigenen Stimme.

DER PERFEKTE TEXT

In der Schule, aber auch im beruflichen Schreiben erlagen – und erliegen – wir der Illusion, es gäbe so etwas wie den perfekten Text (den jemand anderes mit »sehr gut« bewertet). Doch wann ist dieser Zustand erreicht? Wenn vorgegebene Formulierungen wie ***einerseits ... andererseits*** oder ***es ist zu beobachten, dass ...*** vorkommen? Wenn die Zeit, die während der Klassenarbeit oder Klausur zur Verfügung steht, vorbei ist? Oder wenn auf eine wichtige E-Mail im Job alle Angeschriebenen wir erhofft reagieren?

? **Reflexionsfrage:** ***Für die Schule oder fürs Leben?***
Was haben Sie übers Schreiben gelernt? Was würden Sie gerne verlernen?

Warum selbst schreiben, trotz KI?

SCHREIBEN MIT UND OHNE KI

Spätestens seit Bots wie ChatGPT Texte für uns formulieren, ist klar, dass sich das Schreiben radikal verändern wird. Wenige Klicks und einigermaßen intelligent formulierte Anfragen an das Programm (Prompts) genügen, um Fakten und Informationen strukturiert – im Rahmen von standardisierten Normen und Regeln – wiederzugeben. Ein Bot kann Sie beim Schreibprozess unterstützen.

KI kann Ihnen dabei helfen:

- Ideen zu wälzen;
- Gegenargumente zu finden;
- Gedanken zu strukturieren;
- einen ersten Entwurf Ihres Textes zu generieren;
- Texte zu korrigieren.

KI kann Sie beim Schreiben aber nicht ersetzen. Ohne Sie hat Ihr Text keinen persönlichen Schreibstil, keine menschliche Anwesenheit, keinen Geist, keinen Witz.

VORTEILE EIGENER TEXTE

Eigene Texte haben eine andere Funktion als die einer KI. Sie schreiben im Beruf, um etwas zu erreichen. Im Idealfall einen anderen Menschen, im Idealfall, dass dieser Mensch etwas tut, was Sie möchten – sei es durch eine Anfrage, die Sie stellen, eine Mail, in der Sie bei einem Kontakt nachfassen, oder einen Social-Media-Beitrag, in dem Sie von persönlichen Erfahrungen berichten. Das kann nur gelingen, wenn Sie mit dem Menschen über Ihren Text in Verbindung treten. Und dafür müssen Sie sich zeigen, mit Ihrer persönlichen Schreibstimme.

Ihre Schreibstimme: Die Voraussetzung für gute Texte

MACHEN SIE IHRE KOMPETENZ SICHTBAR

Stellen Sie sich vor, alle wären mit Ihrem Kopf synchronisiert, oder sagen wir mit den Gedanken, die sich um Ihre Kompetenzen und Wünsche drehen. Praktisch, oder? Eine Superkraft! Ihre Gedanken würden sich sofort materialisieren. Die notwendigen Informationen, die andere bewegen, lägen auf der Hand. Alle würden wissen, was Sie meinen, und sofort die Vorteile Ihrer Ideen erkennen. Richtig, das ist utopisch.

Damit Sie andere von Ihren Kompetenzen und Wünschen schriftlich überzeugen können, brauchen Sie gute eigene Texte.

EFFEKTE GUTER TEXTE

Gute eigene Texte wirken weit über das geschriebene Wort hinaus und erzielen drei wesentliche Effekte:

Kompetenz: Sie werden als die Fachperson wahrgenommen, die Sie sind. Sie schaffen es, Interesse zu wecken und Ihre Expertise überzeugend zu vermitteln. Teammitglieder, Kundinnen und Kunden vertrauen Ihnen.

Zeit: Sie sparen Zeit und arbeiten produktiver, denn dank guter Texte kommunizieren Sie klar und präzise. Informationen, Anleitungen und Prozesse kommen wirklich an. Die Qualität der Arbeit verbessert sich, Missverständnisse werden vermieden.

Chancen: Sie erhöhen Ihre beruflichen Chancen. Mit guten Texten werden Sie und damit auch Ihr Unternehmen als professionell wahrgenommen. Ihre Marke gewinnt an Profil. Sie machen Arbeitgebende auf sich aufmerksam und fördern Ihre Karriere. Ihr Sprachgefühl verbessert sich.

MUT ZUR SCHREIBSTIMME

Ihre Schreibstimme bildet die Grundlage, um Sie mit der Leserschaft zu verbinden. Sie transportiert Ihre Motivation, Texte zu schreiben. Sie vermittelt Ihre Überzeugungen und Werte. Sie offenbart, wie Sie ticken. Klingt herausfordernd? Ist es manchmal auch. Der Prozess, der zum Text führt, ist ein Handwerk. Eines, das zu beherrschen sich lohnt. Und eines, das Ihnen bereits während des Schreibprozesses Mut abverlangt. Den Mut, Floskeln, Worthülsen, Business-Blabla und Fachjargon beiseitezuschieben.

DENKEN SIE TEXTE SCHREIBEND NEU

Schreiben ist ein Tool, um mutig die eigenen Gedanken zu sortieren, sich auszudrücken, sich Themen und Erfahrungen zu erschließen. Dazu gehört auch, (vermeintlich) schlecht Geschriebenes auszuhalten und eigene Worte zu finden.

Schreibend zu denken und die eigene Meinung in eigenen Worten zu formulieren kann zur Aufgabe werden, auf die Sie sich freuen. Eine solche Herangehensweise bringt Sie als Mensch weiter, beruflich wie privat. Und sie macht wirklich gute Texte erst möglich! Mit dieser Haltung ändert sich der Fokus:

Tipp: *Schreibhaltung ändern*
Weg vom höchsthohen Anspruch ans Ergebnis, hin zum Prozess. Weg von perfekten, hin zu guten Texten – die in Ihrer Schreibstimme.

Gute Texte schreiben Sie so: Eignen Sie sich grundlegendes Text-Handwerk an. Orientieren Sie sich dabei an diesem Ratgeber. Wichtiger jedoch, als Regeln pedantisch einzuhalten, sind die Verbindung zur Zielperson und die eigene Schreibstimme.

Reflexionsfrage: *Ihre Motivation*
Was motiviert Sie, gute Texte zu schreiben?

4 FRAGEN ZUM SCHREIBSTART

Gute Texte schreiben sich leichter, wenn Sie den wesentlichen Grund für Ihr Schreiben verinnerlichen: Kommunikation. Indem Sie die Verbindung zu Ihrer Leserschaft in den Blick nehmen, kann Ihr Text optimal wirken. Dafür dürfen Sie vier Fragen beantworten:

1. Wen soll Ihr Text interessieren?
2. In welcher Beziehung stehen Sie zur Zielperson?
3. Was ist der Kerngedanke Ihres Textes?
4. Was soll Ihr Text bewirken?

Wer klug ist, beantwortet diese Fragen vor dem Schreiben. Wer ihre Bedeutung ignoriert, schreibt in der Regel ziellos, zu viel oder zu wenig – und oft auch schlechter.

Wen soll Ihr Text interessieren?

Beim Schreiben brauchen Sie Empathie für Ihre Adressaten, teilweise also auch für Unbekannte. Wie sonst würden Sie beispielsweise wissen, ob Ihre Zielperson eine Einführung ins Thema braucht oder welche Metaphern und Beispiele wirklich bei ihr ankommen? Umgekehrt punkten Sie mit Ihrem Text sofort, sobald Sie die Interessen Ihrer Zielperson kennen.

SCHREIBEN SIE EINEN INTERESSANTEN TEXT

Starten wir mit einem Experiment. Welchen der folgenden Kurztexte finden Sie interessanter?

Formulierungsbeispiel: ***Allgemein und für die Zielgruppe***

Variante 1: *Schreiben entscheidet über beruflichen Erfolg. Es dient der Informationsübermittlung, Überzeugungsarbeit und Unterhaltung. Die folgenden Tipps helfen, Schreibfähigkeiten zu verbessern.*

Variante 2: *Stellen Sie sich vor, Sie schreiben eine E-Mail, die über Erfolg oder Misserfolg Ihres Projektes entscheidet. Schließlich müssen Sie das Team davon überzeugen, auch diese Woche das Alltagsgeschäft für Ihr Projekt schleifen zu lassen – und das, obwohl alle bereits in den letzten Wochen hart daran gearbeitet haben. Die Stimmung ist entsprechend mau. Lassen Sie sich von Schreibtipps zehn erfahrener Führungskräfte inspirieren.*

Der erste Text liest sich wie einer für alle. Und der erreicht in der Regel niemanden. Im zweiten Text hingegen werden die Lesenden direkt angesprochen. Die schreibende Person hat sich Gedanken darüber gemacht, in welcher Situation Sie sich befinden könnten und wie Ihnen ihr Wissen helfen würde. Ihre Zielperson und deren Bedürfnisse zu kennen und sie ausdrücklich anzusprechen ist der erste Schritt, um einen guten Text zu schreiben.

Reflexionsfrage: ***Interessant für wen?***
Fragen Sie sich nicht: »Ist mein Text interessant?« Fragen Sie sich: »Ist mein Text interessant für meine Zielperson?«

LERNEN SIE IHRE ZIELPERSON KENNEN

Welche der folgenden Aufforderungen liefert Ihnen Ideen für einen Text?

- Schreiben Sie eine E-Mail, in der Sie die aktuellen Arbeitsprozesse zusammenfassen.
- Schreiben Sie eine E-Mail an eine Praktikantin, die neu in Ihr Team aufgenommen wird. Sie soll erfahren, worauf sie am ersten Tag achten und über welche Aufgabenbereiche sie sich einen Überblick verschaffen soll.

Schneller schreiben Sie die E-Mail, wenn Sie beispielsweise wissen, ob die Praktikantin erfahren ist oder nicht, welchen beruflichen Hintergrund sie mitbringt, ob sie bereits jemanden im Team kennt. Je mehr Sie über die Zielperson Ihres Textes wissen, desto gezielter und leichter schreiben Sie. Desto besser wissen Sie, wie Sie ihr Interesse wecken.

Formulierungsbeispiel: *E-Mail-Arbeitsanweisung an neue Praktikantin*
Variante 1: *Liebe Clara, herzlich willkommen im Marketing-Team! Bitte bilde Dir eine Meinung zur aktuellen AdWords-Kampagne. Fokussiere Dich auf die Ergebnisse der A/B-Tests. Wir überlegen, wie wir unsere Conversion-Rate steigern können, und freuen uns auf Deinen Input.*
Variante 2: *Liebe Clara, herzlich willkommen in unserem Marketing-Team! Wir überlegen gerade, mit welchen Maßnahmen wir mehr Menschen dazu bringen können, auf unserer Website zu kaufen (Conversion-Rate). Schau Dir bitte unsere laufenden Online-Werbekampagnen an, die wir über Google Ads schalten. (Die Login-Daten sende ich Dir in einer separaten E-Mail zu.) Wir testen gerade unterschiedliche Versionen unserer Anzeigen, um herauszufinden, welche besser ankommt (A/B-Test). Ich bin sehr gespannt auf Deine Ideen dazu, gerne in Stichpunkten bis Donnerstag!*

Diese Fragen können Sie dabei unterstützen, die Adressierten Ihres Textes kennenzulernen – auch wenn Sie sich an eine Gruppe von Menschen richten.

Fragen zur Zielperson

- Welchen beruflichen Status hat Ihre Zielperson in Bezug auf Sie oder Ihr Unternehmen? Ist sie eine Kollegin auf gleicher Ebene, eine Führungskraft, ein Kunde?
- Ist Ihre Zielperson emotional in das Thema involviert? Hat sie Vorurteile oder starke Meinungen, die Sie berücksichtigen sollten?
- Welchen kulturellen Hintergrund, welche Sprachkenntnisse bringt Ihre Zielperson (nicht) mit? Sollten Sie Standards internationaler Kommunikation beachten? Könnten Doppeldeutigkeiten, Humor oder Ironie aufgrund von Sprachbarrieren missverstanden werden?
- Gibt es rechtliche Anforderungen oder Vorschriften, die für die Kommunikation mit der Zielperson relevant sind?
- Wie gut ist Ihre Zielperson mit dem Thema des Textes vertraut? Welche Voraussetzungen in Bezug auf Wissensstand, Fachwissen oder Bildungsniveau bringt Sie mit?
- Last, but not least: Auch Eigenschaften wie Alter oder Geschlecht zu kennen könnte Ihnen helfen, gezielter zu schreiben. Sie sind jedoch in der Regel weniger relevant als die oben genannten.

Es lohnt sich, Ihre Zielperson immer besser verstehen zu wollen. Führen Sie Umfragen durch. Geben Sie Raum für (anonymes) Feedback.

In welcher Beziehung stehen Sie zur Zielperson?

Um die richtige Leserschaft auf dem richtigen Fuß anzutreffen, lohnt sich die Auseinandersetzung mit der Beziehung zur Zielperson. Dieser Schritt wird Ihnen helfen, eine echte Verbindung aufzunehmen.

SCHREIBEN SIE EINEN PASSENDEN TEXT

Hättest Du kurz Zeit, diese Abrechnung zu überprüfen?

Sie bitten Ihre Kollegin um ihre Meinung zu den Bemühungen der letzten Stunde. Es könnte aber sein, dass Ihre Kollegin etwas zugeknöpft ist und sich gestern wegen einer Kleinigkeit über Sie geärgert hat. Dann würden Sie Ihre Frage vielleicht so formulieren:

Entschuldigen Sie bitte, Frau Müller-Kneif, Ihre Meinung zu meiner Abrechnung schätze ich sehr. Wäre es möglich, dass Sie sich ein paar Minuten Ihrer Zeit dafür nehmen?

Vielleicht kennen Sie Ihre Kollegin auch privat, und Sie beide waren gestern Abend noch einen trinken. Dann sähe Ihre Frage eher so aus:

Hey Gabi-Schatzi, nimm mal die Sonnenbrille ab. Haste fünf Minuten, um meine Rechenfehler zu zählen?

Ob sachlich, versöhnlich oder freundschaftlich – der Ton macht die Musik. Und den guten Ton brauchen wir auch beim Schreiben. Welcher ist gut, welcher nicht? Es kommt drauf an. Zuallererst, dass Sie einen wichtigen Unterschied kennenlernen: den zwischen Stimme und Ton.

ENTDECKEN SIE IHRE SCHREIBSTIMME

Gemeint kann sowohl Ihre Sprech- als auch Ihre Schreibstimme sein. Sie sprechen und schreiben sozusagen im Default-Modus in Ihrer ureigenen, einzigartigen Stimme. Die, mit der Sie auch frei Schnauze in Ihr Tagebuch schreiben würden. Das ist Ihr Sweet-Spot. Das sind Sie.

Möglicherweise ist dieses Phänomen neu für Sie. In der Schule brauchen wir unsere Schreibstimme nicht. Selten lernen wir, dass wir überhaupt eine haben. Und noch seltener, sie zu erforschen. Was wir aber lernen: den richtigen Ton zu treffen, um eine gute Note für Erörterungen und Aufsätze zu bekommen. Nun aber sind Sie erwachsen und müssen nicht mehr in die nächste Klasse versetzt werden. Sie dürfen Sie selbst sein – sprechend wie schreibend. Trotzdem bietet es sich an, in einem guten Ton zu kommunizieren.

PASSEN SIE DEN TON AN

Der Ton ändert sich, je nachdem, mit wem Sie es zu tun haben. Sie sprechen mit Ihrer Mutter in einem anderen Ton als mit Ihrem Partner. Mit Ihrem besten Freund in einem anderen Ton als mit einer Kundin oder Ihrem Neffen. Trotzdem würden alle, die Sie kennen, Sie an Ihrer Stimme erkennen. Dasselbe Prinzip gilt fürs Schreiben. Ihr Ton passt sich Ihrer Zielperson an. Wenn Sie für Kinder schreiben, schreiben Sie anders als B2B (Business to Business), und wieder anders, wenn Sie sich an Studierende richten.

Mit dem passenden Ton legen Sie die Grundlagen für einen echten Austausch. Denn wer nicht angesprochen wird, fühlt sich auch nicht angesprochen. Umgekehrt sind Menschen eher bereit, sich auf eine Unterhaltung einzulassen, in der sie sich gesehen und geschätzt fühlen. Der passende Ton erhöht die Chancen dramatisch, dass Sie mit Ihrem Text Ihr Ziel erreichen.

Den Ton können Sie auf verschiedenen Ebenen anpassen:

> **Die Struktur des Textes:** Wie führen Sie die Lesenden durch ihren Text? Gleich zum Punkt kommen oder lieber weiter ausholen und mit Geschichten würzen?

Schreibstil: Schreiben Sie formell, trocken oder umgangssprachlich? Wäre eine regionale Färbung *(Moin, freilich, Servus, Sonnabend)* hinderlich oder gar vorteilhaft?

Wortwahl: Sollten Sie Fach- oder Fremdwörter erklären? Welche Worte docken bei Ihrer Zielperson an? Wäre es *Geld* – oder eher *Kohle*, *Budget* oder *Honorar*?

Die Entscheidungen zum geeigneten Ton klingen komplex. Sie stehen und fallen mit einer unterschätzten, ganz einfachen Frage: In welcher Beziehung stehen Sie zu Ihrer Zielperson? Mit der Antwort auf diese Frage gehen Sie strategisch vor, statt irgendwelchen Menschen Ihre Informationen vor die Stirn zu knallen.

Und was passiert dabei mit Ihrer Schreibstimme? Wichtig ist, die Balance zwischen Stimme und Ton zu finden. Dass Sie der eigenen Schreibstimme treu bleiben, statt sich schreibend anzubiedern. So gewährleisten Sie beispielsweise, dass Sie als Best Ager nicht peinlich in Jugendslang abdriften. Keine Sorge: Je mehr Sie schreiben, desto einfacher wird's. Bald bleiben Sie als Autorin oder Autor auch durch die verschiedensten Tonalitäten hindurch erkennbar. Und geben auch in Ihren Texten den Ton an.

Was ist der Kerngedanke Ihres Textes?

Sie schreiben, um eine Botschaft zu übermitteln. Wie kommt diese am besten an? Die Voraussetzung lautet: Sie kennen Ihre Botschaft. Und idealerweise können Sie sie in einem Satz zusammenfassen. Es kann hilfreich sein, sich diesen Satz aufzuschreiben, auch wenn Sie ihn so nicht im Text formulieren.

Unterscheiden Sie zwischen Ihrem Kerngedanken (also der grundlegenden Aussage Ihres Textes, Ihrer These, Ihrem Hauptargument) und spezifischen Details oder Beispielen, die ihn stützen oder illustrieren. Nur Ersterer zählt!

Der Kerngedanke liegt Ihnen auf der Zunge, aber die Worte finden nicht aufs Papier? Die folgenden drei Techniken unterstützen Sie dabei, ihn auf den Punkt zu bringen.

KÜCHENZURUF: INFORMIEREN SIE AKUSTISCH SPONTAN

Die Szene geht so: Mann steht in der Küche, Frau liest im Wohnzimmer die Zeitung. Plötzlich ruft sie: *Mirko, hast du schon gehört? Die von der Initiative Strahlebärchen sammeln Spenden für ein neues Kinderkrankenhaus!*

Das ist der Kerngedanke des Artikels, den sie gerade liest. Natürlich informiert dieser über Hintergründe und Nebenstränge. Die sind für Mirko in der Küche jedoch erst mal nicht relevant.

FREEWRITING: SCHREIBEN SIE SICH ZUM PUNKT

Gönnen Sie sich freies Schreiben. Schreiben Sie auf ein weißes Blatt Papier oder in ein leeres Dokument: »Was möchte ich mit meinem Text vermitteln?« Oder auch: »Was ist der wichtigste Punkt meiner Aussage?« Oder: »Was sollen die Lesenden am Ende wissen oder verstehen?«

Stellen Sie einen Timer auf zehn Minuten und schreiben Sie los, Richtung Antwort Ihrer Frage. Vertrauen Sie dem Prozess und schreiben Sie, ohne anzuhalten und ohne Rücksicht auf die äußere Form.

Formulierungsbeispiel: *Frei zur Klärung der Zuständigkeiten geschrieben*
Olivia leitet erstmals ein kleines Team. Ihr Projekt ist schnell gewachsen, sodass die Teammitglieder nun aneinander vorbei arbeiten. Olivia überlegt schreibend, wie sie eine E-Mail formuliert, um das Problem zu lösen.

»Okay, alle im Team sind verwirrt. Wer macht hier eigentlich was? Ich müsste Timo ein bisschen konkreter ansprechen, denn der nutzt echt jede Gelegenheit, um mit seiner Neuen zu schreiben. Mirella hat eh schon so viel um die Ohren, und Gustav? Was mache ich mit dem? Die Aufgaben sind ja eigentlich klar. Aber sie sind nicht eindeutig verteilt. *Es wird bestimmt nicht besser, wenn ich aufzeige, wer was NICHT macht. Lieber konstruktiv formulieren. Alle an einem Strang ziehen, im selben Boot, haben alle was davon.* Wir bremsen uns gegenseitig aus. *Was können wir tun? Reicht es, wenn ich Aufgaben zuweise? Vielleicht könnte ich auch den Projektplan aktualisieren, den alle ignorieren (kein Wunder, der ist krass überholt). Oder ich nehme alle bei der Entscheidung mit ins Boot. Gute Idee. Die erste Team-Aufgabe lautet,* Zuständigkeiten *verteilen.«*

> **Kernaussage der E-Mail: Wir bremsen uns gegenseitig aus, weil wir unsere Aufgaben nicht eindeutig verteilt haben. In einem Meeting vereinbaren wir, wer wofür zuständig ist.**

Nach zehn Minuten stehen Sie auf, bewegen sich, atmen durch. Dann lesen Sie Ihren Text. Ihr Kerngedanke steckt drin. Sie sind bereit für den eigentlichen Text.

Alternative: Sprechen Sie mit einer Person, die nichts mit Ihrem Thema am Hut hat. Indem Sie vereinfachend erklären, worum es Ihnen geht, kommen Sie dem Kerngedanken schnell näher.

MINDMAP: ORGANISIEREN SIE IHR WISSEN VISUELL

Schreiben Sie Ihr Thema in die Mitte eines quer gelegten DIN-A4-Blattes. Umkreisen Sie das Thema. Von dem Kreis aus ziehen Sie Linien zu Unterpunkten und Ideen. Schreiben Sie alles auf, was Ihnen einfällt.

Ist alles schlüssig? Sie überblicken das Thema und haben Hierarchien etabliert. Das geht schon weit über den Kerngedanken hinaus. Dieser sortierte Weitblick hilft aber, das Thema in einen knackigen Satz zu packen.

Alternative: Schreiben Sie eine lineare Outline, ähnlich einer Gliederung oder einem Inhaltsverzeichnis für ein Buch. Das heißt: Schreiben Sie Zwischenüberschriften, Stichpunkte reichen. Welche Argumente sollen wo vorkommen? Auch hier wird Ihnen der Überblick über den Aufbau des Textes helfen, erst einmal den Kerngedanken zu ermitteln.

IHREN KERNGEDANKEN IMMER SCHNELLER FINDEN

Schreiben ist ein Prozess, der gerade bei längeren Texten Gedanken schärft und neue Erkenntnisse fördert. Wenn Sie beim Schreiben bemerken, dass sich Ihr Kerngedanke verändert, gehen Sie mit. Sie müssen sich nicht dogmatisch an den ursprünglichen Kerngedanken halten. Wichtig ist, dass Sie sich für einen entscheiden.

Diesen Kerngedanken zu ermitteln ist reine Übungssache. Versuchen Sie bewusst, ihn bei Texten von Profis zu finden und dann in einem Satz zu formulieren. Häufig können Sie sich sogar sparen, den gesamten Text zu lesen, denn die wichtigsten Aussagen werden Ihnen ins Auge springen.

Orte für den Kerngedanken:

- Titel, Untertitel, Überschriften und Zwischenüberschriften
- Einleitung und Schluss
- Zusammenfassungen oder Abstracts
- hervorgehobene Textstellen

Was soll Ihr Text bewirken?

Der nächste Schritt: Sie finden heraus, wie Ihre Botschaft idealerweise auf Ihre Zielperson wirken soll. Sie stimmen sie also auf die inhaltlichen Ansprüche und die Lesesituation Ihrer Zielperson ab.

3 TEXTZIELE

Denken Sie an Ihre Botschaft. Welchem der folgenden drei Ziele entspricht sie am ehesten? Je klarer Sie dieses Ziel definieren, desto leichter fällt es Ihnen, sich für Inhalt und Schreibstil Ihres Textes zu entscheiden.

1. Informieren

Ihr Text hat das Ziel, die Lesenden zu bilden. Sie fassen Informationen (Daten, Fakten, Wissen) zusammen, vermitteln Fähigkeiten oder führen tiefergehend in ein Thema ein.

Beispieltexte: Pressemitteilung, Nachricht, Anleitung für eine neue Software, Forschungs-, Jahres- oder Projektberichte, Protokolle, Dokumentationen, E-Mails, die ein Meeting und dessen Ablauf, anstehende Termine und Aufgaben eines Projektes mitteilen oder Änderungen der Unternehmenskommunikation ankündigen.

Inhalt: überprüfte Informationen, zuverlässige Quellen, evtl. didaktische Elemente wie Beispiele und Grafiken.

Einsatz von KI: Ein Chatbot kann Ihnen auf Basis Ihrer Informationen Textbausteine liefern, die Sie vergleichsweise wenig überarbeiten müssen. Beachten Sie dabei, welche Informationen Sie in den KI-Chat einspeisen dürfen und welche nicht (Unternehmensgeheimnisse, Datenschutz).

Stil: direkt und sachlich. Sie kommen sofort zum Punkt. Die eigene Schreibstimme tritt eher in den Hintergrund.

Aufbau: das Wichtigste zuerst, Hintergrundinformationen zuletzt.

↳ Möglicher Aufbau einer Pressemitteilung

- [Fokus des Textes] Überschrift und Unterzeile: Fassen den Inhalt zusammen.
- Erster Absatz: Beantwortet die sechs W-Fragen: Wer macht was wann wo wie und warum?
- Folgende Absätze: Liefern Hintergrundinformationen in abnehmender Wichtigkeit.

Formulierungsbeispiel: *App-Launch*

Online trifft lokal: App vernetzt kleine und mittelständische Unternehmen
LandLink *stärkt die wirtschaftliche Zusammenarbeit zwischen Betrieben auf dem Land.*

Die App LandLink *wird ab dem 29. Juli kleine und mittelständische Unternehmen aus ländlichen Regionen Deutschlands miteinander vernetzen. Damit stärkt die Plattform die lokale Wirtschaft und fördert deren Digitalisierung.* LandLink *wird von der Bamberger Start-up-Firma TechLändlich entwickelt. »Viele Unternehmen in ländlichen Regionen arbeiten isoliert. Unsere App greift das Problem auf und fördert neue Geschäftsbeziehungen«, sagt Sandra Sánchez, CEO.*

Die App stellt auch offline grundlegende Funktionen bereit und kann daher auch in Gegenden mit schwacher Internetverbindung genutzt werden. Erste Testläufe zeigen, dass lokale Betriebe die neuen Vernetzungsmöglichkeiten begrüßen. TechLändlich plant bereits, LandLink *in weiteren europäischen Ländern anzubieten.*

2. Überzeugen

Ihr Text hat das Ziel, Perspektiven, Meinungen oder Verhaltensweisen zu verändern und in der Regel zu einer Handlung aufzufordern.

Beispieltexte: Verkaufs- und Werbetexte, Feedback zur Performance eines Kollegen, E-Mail an eine potenzielle Kundin, in der Sie die Vorteile einer Zusammenarbeit mit Ihnen hervorheben oder an einen geschäftlichen Kontakt, die zum erneuten Austausch einlädt.

Inhalt: starke Argumente, Belege, Ihre Expertise, ein Call-to-Action (CTA).

Einsatz von KI: Ein Chatbot kann Sie bei konzeptionellen und strategischen Überlegungen vor dem Schreiben unterstützen.

Stil: klar und nachvollziehbar. Die Position der Lesenden ist Ihnen sowohl auf der sachlichen als auch auf der emotionalen Ebene bewusst.

Aufbau: Zielt auf Handlungsaufforderung am Ende des Textes ab.

↳ Möglicher Aufbau eines Newsletters, der zu einem Event einlädt:

- (Szenischer) Einstieg: Holt die Zielperson emotional ab.
- Mittelteil: Führt durch die Argumentation.
- [Fokus des Textes] Schluss: Handlungsaufforderung / Call to Action.

Formulierungsbeispiel: *Blaue Stunde*

Die Arbeit getan, der Tag wird still. Der Himmel tiefblau. Wir schalten die Deckenlampe an – und zack: Die blaue Stunde, magischer Übergang von Tag zu Nacht, verblasst.

Wie schade! Warum nicht die blaue Stunde zelebrieren? Herzlich laden wir Sie am 23. Juli dazu ein. Seien Sie exklusiv dabei, wenn Lichtdesignerin Emma Pindar eine Performance im mystischen Zwielicht inszeniert, und erleben Sie, wie stilvolle Leuchten erstrahlen.

Melden Sie sich jetzt an. Antworten Sie einfach auf diese E-Mail, nennen Sie uns Ihren Namen und die Anzahl der Begleitpersonen.

3. Unterhalten

Ihr Text hat das Ziel zu netzwerken. Sie begeistern, amüsieren und inspirieren, um zwischenmenschliche Verbindungen zu stärken und neue Kontakte zu knüpfen.

Beispieltexte: direkte Nachricht, Social-Media-Post, interner Erfolgsbericht, eine humorvolle E-Mail, in der Sie sich bei Ihrem Team für eine herausfordernde Woche bedanken und ein schönes Wochenende wünschen.

Inhalt: kommunikative Elemente wie Fragen und Einladungen zum Dialog.

Einsatz von KI: Ein Chatbot kann Sie inspirieren, wertvoller sind jedoch Ihre eigenen Ideen.

Stil: humorvoll, originell, lebendig. Sie suchen die emotionale Verbindung zu den Lesenden.

Aufbau: flexibel.

↳ Möglicher Aufbau eines LinkedIn-Posts, um neue Follower zu gewinnen:

- Einstieg: Weckt Aufmerksamkeit, um das Scrollen durch den Feed zu stoppen (Hook).
- Mittelteil: Führt einen Konflikt oder eine Herausforderung aus.
- Schluss: Lädt zur Diskussion per Kommentar ein, zum Beispiel mit einer Frage.

Formulierungsbeispiel: *Zielgruppe einladen, ihre Prozesse zu teilen*

Ein Antrag, vier Wochen Wartezeit

> *»Die Definition von Wahnsinn ist: Immer wieder das Gleiche zu tun und andere Ergebnisse zu erwarten.« (Albert Einstein)*

Ich will die Arbeitsprozesse in unserem Unternehmen verbessern – aber nicht alleine. Deshalb hole ich ab nächstem Monat wöchentlich Feedback von meinem Team ein.

Das sind meine Prioritäten:

- *Eine konstruktive Feedbackkultur einführen, die nicht zur Pflichtübung mutiert.*
- *Die Hemmschwelle senken, um möglichst viel und möglichst ehrliches Feedback zu erhalten.*
- *Kommunikationskanäle sondieren. Ich will den Weg finden, der möglichst viele Missverständnisse vermeidet.*

Wie holen Sie Feedback von Ihrem Team ein?

Kombinierte Textziele
Achtung: Oft verfolgt ein Text mehrere Ziele, zum Beispiel:

Pressemitteilung: Einerseits informieren Sie ausgewählte Medien, andererseits überzeugen Sie sie und deren Zielgruppe.

Blogartikel auf der Website: Abhängig von Ihrer Contentstrategie könnte ein Blogartikel beispielsweise gleichzeitig inspirieren und informieren.

Posts in sozialen Netzwerken: Sie netzwerken, werben, zeigen sich nahbar.

Produktbeschreibungen: Einerseits informieren Sie, andererseits wollen Sie vom Produkt überzeugen.

Orientieren Sie sich zuerst an dem Ziel, das im Vordergrund steht. Wichtig ist, dass Sie es vor dem Schreiben kennen.

WELCHE TEXTSORTE FÜR WELCHEN ZWECK?

Nicht immer haben wir die Muße, eine Studie zu lesen, und oft sind Posts in sozialen Netzwerken nicht relevant oder interessant genug. Beide Textsorten haben jedoch ihre Berechtigung, wenn sie in der passenden Situation auf die Lesenden treffen.

Jede Textsorte stellt Ansprüche an Inhalt, Struktur und Stil eines Textes. Indem Sie sich bewusst für eine entscheiden, erhöhen Sie die Chancen, dass Ihre Zielperson Ihre Botschaft wahrnimmt. Zur richtigen Zeit am richtigen Ort.

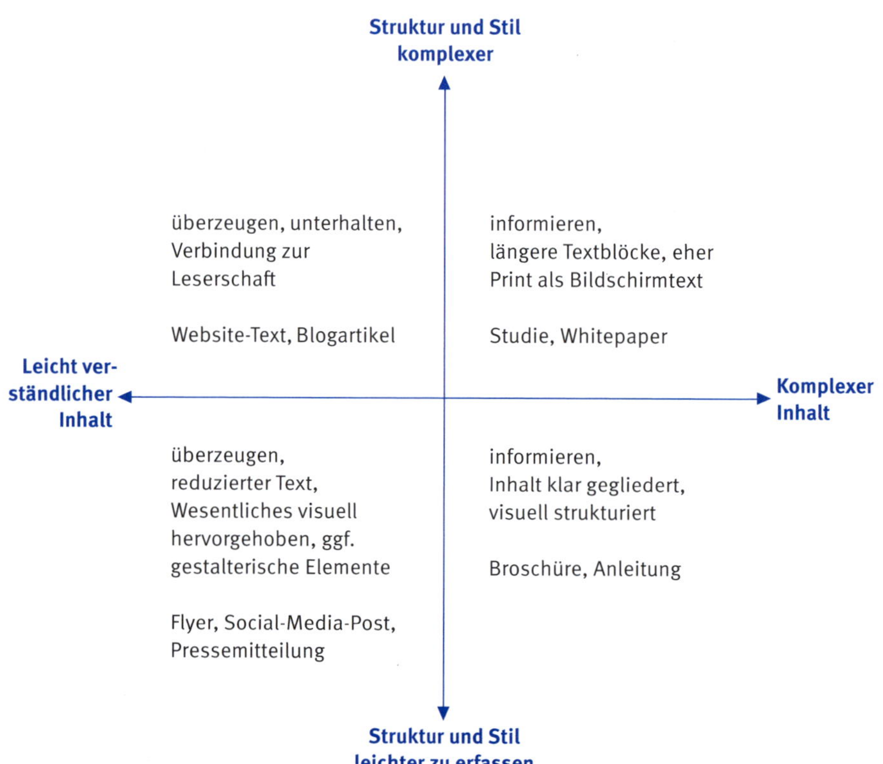

Inhalt

Länge/Umfang: Möchte sich Ihre Zielperson auf wesentliche Aspekte des Themas konzentrieren oder braucht sie ausführliche Erklärungen, Details, Beispiele? Soll der Text alle relevanten Facetten des Themas abdecken, oder beleuchten Sie es aus einer spezifischen Perspektive?

Fokus: Braucht Ihre Zielperson einen Überblick oder will sie sich tiefergehend mit einem bestimmten Themenaspekt beschäftigen? Ist das Thema für sie neu, braucht sie also Grundlagen, oder möchte sie Fähigkeiten verbessern, benötigt also detaillierte Analysen und umfassende Informationen?

Komplexität: Welchen Anspruch hat Ihre Zielperson an die Informationen, die Ihr Text vermittelt? Braucht sie spezifische Daten oder allgemeinere Argumente? Sind Quellen notwendig und wenn ja, wie viele?

Aktualität: Muss der Inhalt schnell geliefert werden? Handelt es sich um aktuellen oder Evergreen-Content?

Struktur und Stil

Lesbarkeit: Welche Sprache erwartet Ihre Zielperson? Können Sie die Kenntnis von Fachtermini voraussetzen (fachspezifisch), oder braucht es allgemein verständliche Sprache?

Interaktivität: Soll Ihre Zielperson zu einer Handlung aufgefordert werden?

Motivation: Sieht sich Ihre Zielperson gezwungen, Ihren Text zu lesen, oder liest sie ihn freiwillig? Ist sie sich bewusst, dass sie von der Lektüre profitiert, oder muss sie erst davon überzeugt werden?

Lesezeit und -ort: Hat Ihre Zielperson Zeit oder steht sie unter Druck? Ist sie bereit, Aufmerksamkeit zu investieren? Ist sie unterwegs oder hat sie an einem ruhigen Ort die Muße, sich in komplexere Themen einzulesen?

Gestaltung/Layout: Strengt die Lektüre die Augen an, zum Beispiel, weil sie über einen Bildschirm erfolgt? Müssen die Informationen visuell strukturiert und leicht zu erfassen sein? Braucht Ihr Text gestalterische Elemente wie Infografiken?

SCHREIBEN UND ÜBERARBEITEN

Wer hat die Arbeit – Sie oder die Lesenden? Die Antwort ist klar. Die Lesenden werden sich sicherlich nicht die Mühe machen, Ihre Texte durchzuarbeiten. Eher brechen sie die Lektüre ab. Sie allein sind dafür verantwortlich, dass Ihre Botschaft ankommt! In diesem Kapitel erfahren Sie, wie Sie Ihre Idee in einen leibhaftigen und lesenswerten Text verwandeln.

Leichter schreiben: Die Schreibphasen

Je inspirierender Sie Ihren Schreibprozess gestalten, desto öfter schreiben Sie. Effizienter und besser geht es, wenn Sie die Schreibphasen als unabhängige To-dos planen. So erstarren Sie nicht vor dem großen Textberg, sondern können ihn in angenehmen Etappen erklimmen. Ein weiterer Vorteil: Indem Sie mit frischem Geist in die jeweilige Phase starten, geben Sie sich den nötigen Abstand und Ihrem Text Zeit zum Reifen.

LEGEN SIE DIE GRUNDLAGE: DAS KONZEPT

Sie können für die Konzeption zunächst die Fragen aus Kapitel II **4 FRAGEN ZUM SCHREIBSTART** (Seite 17) beantworten? Zur Erinnerung:

1. Wen soll Ihr Text interessieren?

2. In welcher Beziehung stehen Sie zur Zielperson?

3. Was ist der Kerngedanke Ihres Textes?

4. Was soll Ihr Text bewirken?

Wenn Sie diesen Punkt abhaken, haben Sie mehr als nur ein Konzept. Sie haben bereits begonnen, Verbindung zu Ihrer Zielperson aufzunehmen. Damit Sie schnell losschreiben können, lohnt es sich außerdem jetzt, fehlende Inhalte zu recherchieren.

STRUKTURIEREN SIE: DER ROTE FADEN

Der legendäre rote Faden steigert die Attraktivität eines Textes enorm. Und zwar einerseits für Sie – denn Sie schreiben leichter und gezielter –, andererseits für die Lesenden. Er sorgt für Struktur und entscheidet somit darüber, ob die Lektüre fortgeführt oder verwirrt abgebrochen wird. Dabei ist es Ihre Aufgabe, die Inhalte, so komplex sie auch sein mögen, nachvollziehbar aufzubereiten.

Oftmals erscheint der rote Faden jedoch abstrakt und ist schwer zu finden. Schwach leuchtet er unter halbgaren Ideen, Textschnipseln, Nebenschauplätzen. Dabei ist es besonders bei nichtfiktionalen Texten vergleichsweise leicht, einen roten Faden festzulegen. Idealerweise passiert das vor dem Schreiben. Wenn Sie allerdings bereits einen Text-Wust geschrieben haben, lohnt sich der Schritt zurück.

So gehen Sie vor:

1. Notieren Sie die Kernaussage Ihres Textes (siehe Unterkapitel **Was ist der Kerngedanke Ihres Textes?**, Seite 23).

2. Entscheiden Sie, wo Sie Ihre Zielperson abholen: Was weiß sie bereits?

3. Entscheiden Sie, wohin Sie Ihre Zielperson bringen: Was möchte sie durch die Lektüre Ihres Textes erfahren?

4. Wählen Sie die ideale Struktur (siehe Unterkapitel **Was soll Ihr Text bewirken?**, Seite 27), um Ihre Zielperson schreibend von A nach B zu bringen.

5. Schreiben Sie auf dieser Grundlage stichpunktartig eine Outline: Kernaussage und ggf. Arbeitstitel, Zwischenüberschriften.

5 Möglichkeiten, Ihren Text zu strukturieren

1. **Listicle**
   Inhalt: Aufzählung an Dingen, die einen gemeinsamen Nenner haben
   Beispiele: *3 Apps, die Ihnen den Arbeitsalltag erleichtern; Wählen Sie die besten Dienstleister für unser Unternehmen: Die 5 entscheidenden Kriterien*

2. **Problemlösung**
   Inhalt: Problem, Ursachen, Lösungen und deren Vor- und Nachteile
   Beispiel: Ein Memo, in dem Sie ein internes Kommunikationsproblem ansprechen und Verbesserungsvorschläge machen

3. **Zeitliche Abfolge**
   Inhalt: Ereignisse oder Phasen in chronologischer Reihenfolge, ggf. eine Zeitleiste
   Beispiel: Die Geschichte Ihres Unternehmens für eine Jubiläumsbroschüre

4. **Pro und Contra**
   Inhalt: Vor- und Nachteile bzw. Argumente für und gegen eine Idee oder Entscheidung, Schlussfolgerung
   Beispiel: Eine E-Mail, in der Sie die Vor- und Nachteile einer neuen Software abwägen

5. **Frage-Antwort / FAQ**
   Inhalt: Häufig gestellte Fragen und deren Antworten
   Beispiel: Ein Leitfaden zur Verwendung eines neuen internen Software-Tools

SCHREIBEN SIE IN IHRER SCHREIBSTIMME: DER ROHTEXT

Schreibstimme versus PR-Ich

Schreiben Sie im nächsten Schritt den Rohtext. Wenn Konzept und roter Faden klar sind, geht das verhältnismäßig schnell. Und das sollte es auch. Je mehr Sie nachdenken, desto eher kuscht die Schreibstimme vorm PR-Ich. Ihr PR-Ich ist Ihre innere Kritikerin oder Ihr innerer Kritiker. Es darf bei der Überarbeitung ran, jetzt aber hat es nichts zu melden. Sonst passiert das: Sie schreiben einen Satz, löschen die Hälfte, schreiben einen anderen Satz, tauschen hier ein Wort aus, checken Ihre E-Mails und gehen erst mal Kaffee trinken.

Schreiben in Sprints

Schreiben Sie lieber in Sprints, frei Schnauze, am PR-Ich vorbei. Stellen Sie einen Timer auf beispielsweise zehn (auch möglich: 15 oder 20) Minuten. Lassen Sie los und schreiben Sie. Korrigieren Sie nicht. Wenn Ihnen eine Information fehlt, setzen Sie einen Platzhalter ein, zum Beispiel »XXX« (dieser Platzhalter hat den Vorteil, dass Sie ihn leicht über die Suchfunktion wiederfinden; recherchieren können Sie später). Lassen Sie verrückte Gedanken zu, egal wie albern sie klingen mögen. Wenn Sie blockiert sind, denken Sie daran: Nur Sie kennen den Rohtext. Er ist nicht für die Veröffentlichung gedacht. Sein einziger Sinn ist, dass er existiert.

Längere Texte unterteilen Sie vorab mit Zwischenüberschriften. Die Outline unterstützt Sie dabei, den gesamten Text im Auge zu behalten, und gibt Ihnen die nötige Struktur. Schreiben Sie einen Abschnitt pro Sprint. Starten Sie mit einem, der Sie besonders anspricht, oder schlicht beim Anfang. Machen Sie eine kurze Pause und beginnen Sie mit dem nächsten Abschnitt.

Mit Freude schreiben

Schreiben in Ihrer Schreibstimme darf und sollte Freude machen! Es ist schließlich Ihre Lebenszeit. Außerdem macht sich das im Text bemerkbar. Zwischen den Zeilen spüren Lesende, wenn Sie sich abgequält haben oder sich lieber verstecken möchten. Sie spüren, wenn Sie mit angezogener Handbremse schreiben und Ihre Persönlichkeit einschränken, statt sie im Text aufblitzen zu lassen. Sie merken, wie Sie zum Thema Ihres Textes stehen und ob Sie den Mut haben, Kante zu zeigen.

FORMULIEREN SIE BESSER: DIE ÜBERARBEITUNG

Jetzt darf Ihr PR-Ich ran. Schließlich wollen Sie einen Text veröffentlichen, hinter dem Sie stehen können. Sie haben zwei Ziele: Klarheit und Ihre Schreibstimme weiter herauszuarbeiten. Und natürlich dürfen Sie die Formulierungen löschen, die Ihnen doch zu privat oder unpassend sind.

Idealerweise liegt zwischen dem Schreiben und dem Überarbeiten eines Textes oder Textabschnitts eine Nacht – oder zumindest ein Spaziergang. Überarbeiten Sie von Maxi zu Mini.

Reihenfolge der Überarbeitung

1. Vogelperspektive: Leuchtet der rote Faden? Führen Sie Ihre Zielperson zu einer neuen Erkenntnis?

2. Textabschnitte (siehe Unterkapitel **Bessere Textabschnitte schreiben**, Seite 41): Sind Sie schlüssig formuliert? Sind Übergänge sinnvoll?

3. Sätze (siehe Unterkapitel **Bessere Sätze formulieren**, Seite 53): Sind sie aktiv und elegant formuliert?

4. Worte (siehe **Treffendere Wörter wählen**, Seite 56): Sind es die Ihren?

Tipp: *Versionen speichern*
Speichern Sie den Text in jeder Version neu ab, bevor Sie ihn überarbeiten. Sie werden sich selbst noch dankbar dafür sein – nämlich wenn Sie feststellen, dass die ursprüngliche Version doch besser war.

SORGEN SIE FÜR QUALITÄT: DAS KORREKTORAT

Rechtschreibung, Zeichensetzung, Grammatik – die sollten stimmen. Versteht sich von selbst, oder? Ihren Text jetzt erst dahingehend zu überprüfen hat den Vorteil, dass Sie nur eine Korrekturschleife drehen müssen. Andernfalls würden Sie unnötig oft zwischen Überarbeiten und Korrigieren hin und her springen.

Inzwischen können künstliche Intelligenzen Ihre Texte Korrektur lesen. Und das sogar, mit Einschränkungen, kostenlos. Bei wichtigen Texten sollten Sie dennoch in die Fähigkeiten einer Korrektorin oder eines Korrektors investieren. Korrekte Texte bilden schließlich die Grundlage für Qualität und wirken professioneller.

Bessere Textabschnitte schreiben

ZEIGEN SIE SICH SERIÖS UND MIT PERSÖNLICHKEIT

Formulierungsbeispiel: ***Wie entwerfen Sie eine Brücke, Herr Ingenieur?***
Ingenieur 1 doziert: *»Die Tragwerksanalyse erfolgt unter Berücksichtigung topografischer und geologischer Gegebenheiten. Bei der Auswahl geeigneter Materialien und Konstruktionsmethoden werden Verkehrs- und Umweltanforderungen einbezogen. Diese Schritte gewährleisten, dass die Brücke sowohl physischen als auch funktionellen Anforderungen gerecht wird.«*

Ingenieur Sinan Demir erklärt: *»Zuerst analysieren wir den Boden und die Umgebung. Dann wählen wir Materialien aus. Bevor wir uns für eine sichere Konstruktionsmethode entscheiden, berücksichtigen wir auch den Verkehr und die Umweltanforderungen.«*

Zwei Erklärungen, ein Inhalt. Vermutlich erinnern Sie sich eher an Herrn Demirs Variante. Dabei hält sich im deutschsprachigen Raum hartnäckig der Mythos, dass Sachtexte unpersönlich und kompliziert geschrieben sein müssten. (Bei Fachtexten ist Fachsprache selbstverständlich sinnvoll; siehe Unterkapitel **Treffendere Wörter wählen**, Seite 56.) Getreu dem Motto: »Wenn ich ernst genommen werden will, wenn ich intellektuell und professionell wirken will, muss ich mich hinter seriösen Ausdrücken aus der Beamtensprache, Nominalstil und Schachtelsätzen verstecken.« Von dieser altmodischen Perspektive sind wir glücklicherweise inzwischen weg. Als kompetent gilt, wer sich verständlich machen kann. Nutzen Sie das aus!

Schreiben Sie klar und direkt. Ihr Text kann trotzdem seriös sein. Das ist doch auch sein Zweck, dass er die Menschen erreicht, die er erreichen soll. Nicht, dass es Ihnen geht wie der Barista, deren verwirrte Gäste lieber einen Tee bestellen, weil die Kaffeekarte ausschließlich fachsprachlich formuliert ist, zum Beispiel: *100 Prozent Robusta, fein gemahlen.* Nicht weniger kompetent, dafür auf Augenhöhe hätte sie eine zusätzliche Beschreibung inspirieren können: *Sehr starker Kaffee.*

Formulierungsbeispiele: *Verständlicher schreiben*

(Zu) fachsprachlich	Allgemein verständlicher
Es gibt keine sozialstaatlich verpflichtenden Abgaben.	***Jede und jeder muss für sich selbst vorsorgen.***
Die Klageerhebung erfolgt im Rahmen der verfahrensrechtlichen Normativität.	***Wer vor Gericht zieht, muss sich an die Regeln halten.***
Die Umsetzung des neuen Lehrplans ist für alle didaktischen Einheiten obligatorisch.	***Alle Lehrkräfte müssen sich an den neuen Lehrplan halten.***
Die monetäre Investition erfolgt in ein diversifiziertes Portfolio zur Erzielung von Kapitalerträgen.	***Wir legen Geld in verschiedenen Anlagen an, um Gewinne zu erzielen.***
Das System ist anfällig für externe Sicherheitsbedrohungen und erfordert proaktive Überwachung.	***Das System kann von außen angegriffen werden, daher müssen wir es überwachen.***
Das Gerät ist abwärtskompatibel.	***Das Gerät funktioniert auch mit älteren Versionen.***

TRETEN SIE, WENN PASSEND, IN DEN DIALOG

Zugänglicher und mit mehr Persönlichkeit schreiben Sie, wenn Sie Ihre Leserschaft direkt ansprechen. Sie bilden so einen direkten Dialog ab. Besonders sinnvoll ist diese Methode bei Marketing- und ratgebenden Texten.

- Sprechen Sie Ihre Zielperson an. Schreiben Sie öfter ***Du*** oder ***Sie*** statt *ich*. (Ganz nebenbei erübrigt sich damit die Frage, wie Sie Ihren Text gendern.)
- Stellen Sie Fragen.
- Fordern Sie zum Handeln auf (Call to Action), zum Beispiel, das Gelernte sofort umzusetzen.
- Betten Sie bei Online-Texten interaktive Elemente wie Umfragen ein.
- Bitten Sie um Antwort, zum Beispiel in den Kommentaren Ihres Blogartikels oder Social-Media-Posts oder als Antwort auf Ihren Newsletter.
- Zeigen Sie sich – mit einem Bild und indem Sie in Ihrer Schreibstimme schreiben.

WÄHLEN SIE KONKRETE BEISPIELE

Einen Sachverhalt nüchtern und allgemein erklären – das können Sie machen. Greifbarer wird Ihr Text jedoch mit Beispielen. Indem Sie eine konkrete Situation illustrieren, wird Ihr Text anschaulicher, und die Lesenden merken sich den Inhalt leichter.

Sie sorgen sich, dass ein einziges Beispiel nicht alle Möglichkeiten und Alternativen abbildet? Das ist zwar richtig, aber eine gute Nachricht. Ein klug gewähltes Beispiel bietet die Möglichkeit, einen inhaltlichen Schwerpunkt zu setzen.

Formulierungsbeispiel: *Unternehmenskommunikation*
Effektive Kommunikation ist für den Erfolg unseres Familienunternehmens entscheidend.

In diesem Satz stecken gleich zwei Möglichkeiten, Beispiele einzufügen und damit eine greifbarere Aussage zu treffen. Wie äußert sich diese effektive Kommunikation? Und was bedeutet Erfolg für Ihr Familienunternehmen?

Wir schreiben jede Woche einen kurzen Statusbericht, den wir mit dem gesamten Team teilen. Weil alle stets aktuell informiert sind, konnten wir zum Beispiel unser letztes Projekt pünktlich und im Rahmen des knappen Budgets von 100.000 Euro abschließen.

Sie sehen, Beispiele müssen nicht wahnsinnig lang und komplex sein. Ihr Einsatz entscheidet jedoch auch darüber, ob sich Ihr Text interessant liest. Groß angelegte Beispiele gehören übrigens zum Storytelling (siehe das folgende Unterkapitel **Storytelling nutzen**, Seite 48).

Bleiben wir jedoch beim oben genannten. Wie kann man sich eigentlich 100.000 Euro vorstellen? Geben Sie doch ein Beispiel! Finden Sie einen passenden Referenzwert, mit dem Ihre Zielperson (nicht *man*) etwas anfangen kann – sei es ein Jahresgehalt oder die Anfangsinvestition für ein Technologie-Start-up.

ÜBERRASCHEN SIE MIT METAPHERN

Klug gewählte Metaphern machen Inhalte greifbarer. Dabei sagt ihre Wahl viel über Sie und Ihre Schreibstimme aus. Denn Metaphern stellen bestimmte Aspekte in den Vordergrund, während sie andere in den Hintergrund rücken. Wie Sie Metaphern erkennen? Ein Konzept wird durch einen anderen Begriff ausgedrückt und dadurch damit verglichen. Dann können Sie sagen: X ist Y. Damit ist das Gesagte nicht mehr wörtlich gemeint.

Wir nutzen Metaphern jedoch oft, ohne es zu ahnen. Unsere Sprache ist voll davon. Manchmal wollen wir besonders kunstvolle Metaphern in Texte einbauen. Die aber können in die Hose gehen. Merken Sie was? *In die Hose gehen* ist eine Metapher. Denn eine Metapher kann nicht gehen, auch nicht in eine Hose.

Formulierungsbeispiel: *Passende Metaphern finden*

Interessante Metaphern entstehen durch ungewöhnliche Assoziationen. Veranschaulichen Sie das, was Sie beschreiben wollen, mit etwas, das für gewöhnlich nichts damit zu tun hat. So bieten Sie den Lesenden eine neue Perspektive. Welche Metapher würden Sie zum Beispiel für Ihre Arbeit wählen? Meine Arbeit ist …

- ein Marathon: *Sie brauchen Durchhaltevermögen und erbringen kontinuierlich Leistung.*

- ein Fluss: *Arbeit ist ständig in Bewegung, verändert sich und fließt mal ruhig, mal reißend.*
- ein Kampf: *Sie greifen an und verteidigen sich, stecken Niederlagen ein und siegen.*
- eine Reise: *Sie entdecken regelmäßig Neues und wachsen mit jedem neuen Ziel.*

3 Regeln für gute Metaphern

1. Ziehen Sie Metaphern durch und behalten Sie ihre innere Logik bei.

Stilblüte	Fortgesetzte Metapher
Wir sollten uns nicht verzetteln, sondern unser Angebot aufs nächste Level heben.	*Wir sollten uns nicht verzetteln, sondern aus all unseren Angeboten einen Bestseller binden.*

2. Vermeiden Sie ausgelutschte Metaphern, die nicht zum besseren Verständnis des Textes beitragen oder sogar dagegen arbeiten. Sie sorgen dafür, dass das Gehirn der Lesenden eindöst. Sie wollen unbedingt gängige Metaphern nutzen? Geben Sie ihnen einen eigenen Twist:

Ausgelutschte Metapher	Eigener Twist
Frischer Wind weht.	*Statt für frischen Wind sorgte die neue Direktorin gleich für heftige Orkanböen im Aufsichtsrat.*
Die Nadel im Heuhaufen suchen.	*Heute suchen wir Informationen in Byte-Haufen wie einst die Nadel im Heuhaufen.*
Das Licht am Ende des Tunnels sehen.	*Wir haben das Licht am Ende des Tunnels übersehen.*

Vorsicht vor unglücklich gewählten Metaphern, die andere diskriminieren:

Ausgrenzendes Stereotyp	Bessere Formulierung
sich taub stellen	*ignorieren*
blind folgen	*unhinterfragt folgen*
hinterherhinken	*zurückbleiben*

3. Weben Sie Metaphern bewusst in Ihre Texte ein. Hier können Sie Ihre Schreibstimme einbringen. Ein erster Schritt dafür: Lesen Sie bewusster und achten Sie darauf, welche Bildwelten andere Autorinnen und Autoren Ihnen durch Metaphern öffnen.

VERLEIHEN SIE IHREM TEXT RHYTHMUS

Früher gab es Telegramme. Jeder Buchstabe kostete Geld. Eine Telegramm-Regel ist geblieben: Kurz ist besser als lang. Kurze Sätze begreifen wir schneller als lange. Sie sollten treffend formuliert sein. Lange Sätze sind weniger verständlich. Weniger Worte machen einen Text verständlicher. Die Worte sollten aussagekräftig sein.

Lesen Sie den Absatz laut vor. Er ist zwar verständlich formuliert, klingt aber nach unbeholfenem Stakkato. Die Information tritt in den Hintergrund. Andersrum verhält es sich, wenn der Absatz so lautet:

Jeder Buchstabe eines Telegramms (ja, so was gab es früher!) kostete Geld. Heute gilt nur noch diese Telegramm-Regel: Kurz ist besser als lang. Kurze, dafür treffend formulierte Sätze begreifen wir schneller als lange. Weniger, dafür aussagekräftige Worte machen einen Text verständlicher.

Pro Wort zahlen wir heute nur noch selten. Vom Stakkato dürfen wir uns bedingungslos verabschieden und im eigenen Takt formulieren.

Geben Sie den Takt vor mithilfe von:

Satzlänge: Wechseln Sie kurze und lange Sätze ab. Erstere beschleunigen, zweitere verlangsamen den Rhythmus. Positiver Nebeneffekt: Indem Sie bewusst Informationen trennen oder verbinden, setzen Sie Schwerpunkte und lenken die Aufmerksamkeit der Lesenden.

Satzart: Nutzen Sie, bitte dosiert, neben reinen Aussagen die Kraft von Fragen, Ausrufen, Aufforderungen und Wünschen. So treten Sie mit den Lesenden in Verbindung.

Satzstellung: Weichen Sie von der häufigen Satzstellung »Subjekt, Prädikat, Objekt« ab. Lassen Sie Sätze auch anders beginnen, zum Beispiel mit Konjunktionen wie ***obwohl, bevor*** oder adverbial wie ***heute Morgen, glücklicherweise***. Die Satzstellung verändert sich automatisch. Das lockert den Text auf.

Pausen und Betonungen: Setzen Sie Semikolons und Gedankenstriche. Damit zeigen Sie den Lesenden, wo sie innehalten und was sie betonen sollten.

Stilmittel, z. B.: Parallele Strukturen: *Unsere Meetings sind kurz, unsere Meetings sind laut, unsere Meetings sind Quellen neuer Memes.* Oder unverbundene Aufzählung: *Unsere Meetings sind kurz, laut und Quellen neuer Memes.* Probieren Sie spielerisch verschiedene Stilmittel aus. Den Link zu einer Liste finden Sie auf Seite 89.

Texte ohne Rhythmus lesen sich unbeholfen. Texte mit Rhythmus lesen sich natürlich. Sie lesen sich so natürlich, dass kaum jemand auf Sie zukommen und Sie für Ihren besonders rhythmischen Text loben wird. Aber gut möglich, dass Ihre Texte immer beliebter werden.

Storytelling nutzen

Im Marketing geht ein Hype um: Storytelling. Doch Storytelling ist keine ausgeklügelte Werbe-PR-Strategie. Es ist nur ein neues Wort für eine Technik, die wir alle beherrschen, weil wir es jeden Tag tun: Wir erzählen Geschichten. Wenn niemand zuhört, erzählen wir sie uns sogar selbst: ***Diese Gesichtscreme hat eine Anwendungsstudie bestanden! Alle (also 32) Probandinnen bestätigten, dass ihre Falten innerhalb von zwei, drei Tagen verschwanden. Klappt bei mir bestimmt auch.***

Die guten Geschichten sorgen für Kino in den Köpfen. Wir fühlen uns unterhalten und lernen dabei: manchmal kleine Dinge, manchmal etwas fürs Leben. Wir erkennen Zusammenhänge, wo wir nur einzelne Elemente wahrgenommen haben. Oftmals trauen wir uns Dinge zu, die wir bisher vermieden haben. Die besten Storyteller genießen unser Vertrauen.

Die Vorteile von Storytelling:

Kino im Kopf: Informationen und Zusammenhänge werden visualisiert oder konkret veranschaulicht. Dadurch bleiben Inhalte – auch und gerade abstrakte Konzepte – besser im Gedächtnis.

Roter Faden: Eine Struktur macht neugierig und unterhält. Wir wollen wissen: »Wie geht's weiter?« »Wie hat die Hauptfigur das Problem gelöst?« Der Text wird eher zu Ende gelesen.

Beziehung: Durch Botschaften und Werte zeigen sich die Storyteller nahbar. Können wir uns mit ihnen identifizieren, spüren wir eine Verbindung. Wir fühlen uns gesehen: »Das klingt doch nach mir!« »Das hätte mir auch passieren können!« Das Vertrauen und die Bereitschaft, die vermittelten Informationen zu verinnerlichen, nehmen zu.

Wirkung: Das episodische Gedächtnis wird aktiviert. Die Verknüpfung der Sachebene mit Herz und Emotionen regt zum Handeln an.

Sie möchten die Kunst des Erzählens, also Storytellings lernen? Gute Entscheidung. Storytelling hilft Ihnen dabei, die Welt zu verstehen, zu unterhalten, zu lehren, zu verkaufen. Die Voraussetzungen bringen Sie bereits mit. Nun fehlen noch die vier wichtigsten Regeln.

REGEL 1: IHRE GESCHICHTE PASST ZU IHNEN

Warum schreiben, wenn schon alles gesagt wurde? Nun, es wurde tatsächlich bereits alles gesagt. Trotzdem schauen sich die Menschen den hundertsten Liebesfilm und die tausendste Abenteuerserie an. Auch über berufliche Themen wird in vielen Varianten erzählt. Ihre fehlt noch!

Wichtig ist: Erzählen Sie Geschichten, die zu Ihnen passen. Geschichten, die Sie glaubhaft vermitteln können. Wenn Sie also Nähkurse geben, erzählen Sie den Menschen nichts vom Pferd. Es sei denn, Sie schreiben über Pferdemotive auf Stoffen.

? **Reflexionsfrage:** ***Eigene Erzählungen bewusst nutzen***
Welche Geschichten erzählen Sie häufig im Arbeitsalltag, beispielsweise Ihren Kundinnen und Kunden?

REGEL 2: IHRE GESCHICHTE ENTHÄLT EINE BOTSCHAFT

Zum Frühstück esse ich zwei Granola Bars. Sie fragen sich, warum diese Information relevant ist? Nun, sie interessiert, wenn eine Prominente sie auf Social Media postet. Sie haben jedoch vollkommen recht – relevant ist sie nicht. Relevanz entsteht, wenn die Information auch eine Botschaft enthält. Ohne Botschaft wird's keine Geschichte, sondern eine Aneinanderreihung von Tatsachen. Und die bleiben nicht im Kopf.

Verknüpfen Sie individuelle Ereignisse und Botschaften, die Ihnen wichtig sind. So erschaffen Sie Geschichten, die nur Sie erzählen können.

Tipp: *Themenspeicher anlegen*

Sammeln Sie Botschaften, die Ihnen wichtig sind. Die folgenden Fragen helfen Ihnen dabei. Beantworten Sie sie am besten schnell in Stichpunkten.

- Für welche Werte stehen Sie oder steht Ihr Unternehmen?
- Warum arbeiten Sie in Ihrem Bereich?
- Was hätten Sie gerne früher gewusst?
- Welche Probleme lösen Sie für andere und warum?
- Was war Ihr größter Erfolg, was Ihre schönste Niederlage?
- Was macht Sie nachdenklich, was begeistert Sie?

Erweitern Sie Ihren Themenspeicher laufend durch Ereignisse aus Ihrem (Arbeits-)Alltag:

- Welches Erlebnis, welche Begegnung hat Sie inspiriert oder überrascht? Warum?
- Welche Herausforderung haben Sie gemeistert? Wie haben Sie das geschafft? Welche Erkenntnisse haben Sie dabei gewonnen?
- Gab es einen besonderen Moment mit einem Kunden oder einer Kollegin, der Sie nachdenklich gemacht hat? Könnte er exemplarisch für Ihre Arbeit stehen?
- Haben Sie eine neue Fähigkeit oder weiteres Wissen erworben? Wie kam es dazu?

REGEL 3: IHRE GESCHICHTE HAT EINEN ROTEN FADEN

For sale: baby shoes, never worn.
›Zu verkaufen: Babyschuhe, nie getragen.‹

Das ist die vermeintlich kürzeste Geschichte der Welt, angeblich von Ernest Hemingway. Sie zeigt, wie Storytelling im Kleinen funktioniert. Es braucht also keine Textwüste, um eine Geschichte zu erzählen. Storytelling funktioniert auch als knappes Beispiel oder szenischer Einstieg in einen Blogartikel.

Die meisten Erzählungen weisen eine ähnliche Struktur auf: die sogenannte Heldenreise. Lassen Sie sich nicht von der Theatralik irritieren. Auch Alltägliches eignet sich, erzählt zu werden. Die Bedingung: Es gibt einen Konflikt. Wenn alles optimal läuft, gibt es keine oder höchstens eine uninteressante Geschichte: *Ich möchte mir ein Eis kaufen, deshalb kaufe ich mir eins.* Interessiert niemanden. *Ich möchte mir ein Eis kaufen, habe aber kein Geld.* Ist schon interessanter.

Der rote Faden einer Geschichte

Die Hauptfigur: Befindet sich in der Ausgangssituation. *Die Trainerin zeichnet sich durch hohe fachliche Kompetenz aus.*

Der Konflikt (Hürde, Herausforderung oder Problem)**:** Entfacht die Motivation der Hauptfigur, ein Ziel zu erreichen oder etwas zu vermeiden. Der Konflikt könnte zum Beispiel die Ausgangssituation ins Negative verändern oder der Hauptfigur bewusst machen, dass ihr etwas fehlt. So entsteht Spannung zwischen Wunsch und Realität. Die Lesenden fiebern mit und fragen sich: Wird die Hauptfigur es schaffen? *Nur wenige Menschen kennen sie und wissen, wie sie sie unterstützen kann.*

Die Lösung: Die Hauptfigur hat ihr Ziel erreicht. Sie hat es geschafft, Wunsch und Realität in Einklang zu bringen. Das kann auch bedeuten, dass sich ihr Wunsch verändert hat. Eine neue Situation ist entstanden. *Die Trainerin lernt, mit eigenem Stil zu schreiben, und veröffentlicht ihre Texte. Ihre Zielgruppe lernt sie als Expertin mit Persönlichkeit kennen und bucht bei ihr.*

In 3 Schritten eine Heldenreise skizzieren

1. Wählen Sie ein **Ereignis** aus Ihrem Themenspeicher. Gehen Sie folgende Fragen durch:
   - Wer ist die Hauptfigur? Das können Sie sein, aber auch Ihre Zielperson, Tiere, Gefühle oder Produkte.
   - Was charakterisiert die Ausgangssituation?
   - Welches Ereignis verändert sie? Warum ist die Hauptfigur motiviert, etwas zu verändern? Worin liegt der Konflikt?
   - Was charakterisiert die Lösung und die Endsituation?

2. Schreiben Sie in **Stichpunkten** auf, was passiert. Diese Wörter machen Ihnen den Einstieg leichter:
   - Ausgangssituation: *es war einmal, jeden Tag, neulich*
   - Konflikt: *eines Tages, aber, plötzlich, als*
   - Ablauf der Handlung: *dann, deshalb*
   - Lösung: *seitdem*

3. Maßstab ist immer Ihre **Zielperson**, der Sie Ihre Botschaft auf ideale Weise vermitteln. Machen Sie davon ausgehend den abschließenden Check:
   - Hat die Zielperson die Möglichkeit, sich mit Hauptfigur, Konflikt und Lösung zu identifizieren? Wenn nicht, hat sie kein Interesse an der Lektüre.
   - Kann die Zielperson aus Ihrer Geschichte etwas für sich selbst Sinnvolles lernen?

REGEL 4: IHRE GESCHICHTE WECKT EMOTIONEN

Kennen Sie diese Menschen, die sich als lustig bezeichnen? Die wenigsten von ihnen sorgen auf Partys für Lacher. Oft unterhalten diejenigen, die einfach lustig sind – ohne es zu behaupten. Die Erkenntnis lässt sich aufs Schreiben übertragen und wird »Show, don't tell«-Methode genannt. Frei übersetzt und auf Ihre Texte bezogen: Zeigen Sie die Emotionen, statt sie zu behaupten. Lesende wollen mitfiebern. Das geht besser, wenn sie sich einfühlen können.

Tipp: *Regieanweisung*

Stellen Sie sich vor, eine Regisseurin verfilmt Ihre Geschichte. Welche Regieanweisungen geben Sie ihr? Welche Situationen beschreiben Sie? Vermeiden Sie abstrakte und unspezifische Adjektive wie *erfolgreich, frustriert* oder *toll.*

- Unspezifisch: *Meine Dienstleistung ist nützlich.* Konkret: *Meine Kundin lernt von mir, wie sie sich so ernährt, dass sie bald wieder leichtfüßig durch den Park hüpfen kann.*
- Unspezifisch: *Ich habe einen guten Workshop gegeben.* Konkret: *Zwölf der 15 Teilnehmenden haben mir anschließend E-Mails geschrieben und sich bei mir für die hilfreichen Inhalte bedankt.*

Bessere Sätze formulieren

VERMITTELN SIE EINE INFORMATION PRO SATZ

Der erste Weg zum pointierten Schreiben: eine neue Information pro Satz. So behalten Sie auch selbst den roten Faden im Blick.

Formulierungsbeispiel: *Unvorsichtiger Autofahrer*

Der Autofahrer, den ein Hörbuch über ein Faultier in die Krone eines Ameisenbaums entführte, übersah das Tempolimit und kassierte nicht nur ein Bußgeld, sondern auch ein unvorteilhaftes Blitzerfoto.

In diesem Satz stecken drei Informationen:

- Der Autofahrer war von einem Hörbuch abgelenkt.
- Er übersah das Tempolimit.
- Er kassierte Bußgeld und Blitzerfoto.

Ein Hörbuch über Faultiere entführte den Autofahrer in die Krone eines Ameisenbaums. Er übersah das Tempolimit. Damit kassierte er ein Bußgeld und ein unvorteilhaftes Blitzerfoto.

4 Regeln für lange Sätze

1. Setzen Sie lange Sätze sparsam und mit einer gezielten Absicht ein.
2. Das Wichtigste steht weiter vorne im Satz.
3. Zusammengehörendes bleibt zusammen.
4. Einschübe enthalten nicht mehr als zwölf Silben (etwa sechs Wörter). Mehr können wir Lesenden uns nicht merken. Packen Sie längere Gedanken lieber in einen neuen Satz.

FORMULIEREN SIE AKTIVE SÄTZE

Sicherlich haben Sie sich schon einmal bei einem Film gelangweilt. Meistens, weil Sie den Eindruck hatten, dass nichts passiert ist. Und das, obwohl auf der Leinwand etwas zu sehen war! Ähnliches kann in einem Text geschehen. Immer dann, wenn etwas Spannendes ohne Kraft formuliert ist. Wie Sie das vermeiden? Schreiben Sie aktive Sätze.

2 Möglichkeiten, aktiv zu formulieren

1. **Das Subjekt handeln lassen**
   Handelnde Subjekte wecken unsere Aufmerksamkeit. Passiv-Sätzen fehlt hingegen die treibende Kraft. Anzeichen für einen Passiv-Satz sind diese Wörter: *wird, wurde, werden, worden*.

Ohne Subjekt	Aktiv formuliert
Das kann nur durch systematische Änderungen verbessert werden.	*Das können wir nur systematisch verbessern.* *Das Leitungsteam möchte das Problem systematisch lösen.* *Lasst uns unsere Prozesse systematisch verändern.*

2. ***Man* vermeiden**
   Das Pronomen *man* versteckt die Handelnden. Damit kann unser Gehirn wenig anfangen. Manchmal klingt es geradezu verschleiernd, denn es wirft unnötige Fragen auf. »Man beriet sie.« Wer beriet, ist also für die Handlung verantwortlich? Soll die Person womöglich geheim bleiben? Aber warum? Es schwingt mit, dass Sie Ihre Hausaufgaben nicht gemacht, etwas zu verbergen oder die Recherche gescheut haben.

Unpersönliches *man*	Aktiv formuliert
Man beriet sie.	*Der Angestellte beriet sie.* *Die Konditorin half ihr mit Kostproben, sich zu entscheiden.* *Der Anwalt empfahl ihr zu klagen.*

VERMEIDEN SIE DEN KONJUNKTIV

Wären Sie darauf bedacht, klar zu formulieren, würde Ihnen der Konjunktiv im Weg stehen.

Den Satz haben Sie sicher zweimal gelesen. Oder haben Sie ihn gleich überlesen? Dabei ist der Inhalt klar, nur eben schwerfällig formuliert. Schuld ist der Konjunktiv. Er kann praktisch sein, etwa wenn Sie jemanden in indirekter Rede zitieren (Konjunktiv I: ***Er sagte, er sei verantwortlich!***) oder sich höflich ausdrücken möchten (Konjunktiv II: ***Würden Sie mir helfen?***). Aber in der Regel benötigen wir den Konjunktiv selten. Wann stehen in Sachtexten schon Wahrscheinlichkeiten, Wünsche und Möglichkeiten an?

Tipp: *Korrekt zitieren*
Sie möchten jemanden zitieren? Die indirekte Rede und den Konjunktiv vermeiden Sie, indem Sie direkte Zitate nutzen. Und, natürlich, die richtigen Anführungszeichen und das Komma an die richtige Stelle setzen: *»Ein exzellenter Tipp«, lobte auch Marion in ihrem Feedback.*

UMGEHEN SIE NEGATIONEN

Verneinungen trüben Ihren Text. Nutzen Sie sie nicht. Besser noch: Vermeiden Sie sie. Dadurch werden Ihre Sätze ~~nicht so kompliziert~~ klarer.

Positiv formuliert

Negativ	Positiv
Trotz jahrzehntelanger Forschung ist es der Wissenschaft noch nicht gelungen, Alzheimer zu heilen.	***Die Wissenschaft forscht seit Jahrzehnten mit dem Ziel, Alzheimer zu heilen. Bislang vergeblich.***
Deutsche Hersteller können wegen Materialknappheit nicht genug E-Autos produzieren.	***Deutschen Herstellern fehlt Material, um genug E-Autos produzieren zu können.***
Viele unabhängige Spieleentwickler können sich keine groß angelegten Marketingkampagnen leisten.	***Wenige unabhängige Spieleentwickler können sich groß angelegte Marketingkampagnen leisten.***

Suchen Sie positive Entsprechungen zu Worten, die eine Negation wie *nicht, kein, un-, -los* oder *ohne* in sich tragen. In der Regel fallen sie kürzer und damit prägnanter aus. Beispiele:

Negativ	Positiv
Nichtbeachtung	*Boykott*
ungezwungen	*locker*
unvoreingenommen	*offen*
unbeschwert	*leicht*
unkompliziert	*einfach*
unverzichtbar	*notwendig*
emotionslos	*nüchtern*

Treffendere Wörter wählen

SETZEN SIE AUF DIE MAGIE PRÄGNANTER VERBEN

Die wichtigste Empfehlung für passendere Wörter zuerst: Wählen Sie prägnante Verben. Ihr Text verbessert sich sofort.

Tauschen Sie zwei Arten von Verben aus

1. Besser nicht: Verben, die zu allgemein sind, um das Kopfkino einzuschalten. Zum Beispiel: *laufen, sehen*. Allgemeine Verben lassen sich leicht durch spezifischere ersetzen, die vielfältige Bilder eröffnen.

Allgemeine Verben	Spezifischere Verben
laufen	*flitzen; sprinten; joggen*
sehen	*starren; linsen; bestaunen*

2. Besser nicht: Verben, die Zustände benennen, statt Dynamik zu entfesseln. Die Klassiker: *sein, haben*. Um die Zustandsverben zu ersetzen, brauchen Sie etwas mehr Kreativität. Schließlich müssen Sie dafür den Satz verändern und oft Informationen hinzufügen. Dafür werden Sie mit Sätzen in bildhafter Sprache belohnt.

Langweilige Zustandsverben	Inhaltsreichere Alternative
Wir sind zuversichtlich, Ihr Projekt rechtzeitig abschließen zu können.	***Wenn wir den Liefertermin verpassen, finanzieren wir Ihr Projekt aus eigener Tasche.***
Wir haben einen neuen Großkunden.	***Wir feiern unseren neuen Großkunden.*** *Ein Großkunde unterschreibt unseren Vertrag.*

Verwandeln Sie *ung*-Getüme in Verben

In vielen Fällen verstecken sich Verben dort, wo sie nicht hingehören. Nämlich in Substantiven. Die verwandeln Ihren Schreibstil in einen sperrigen Nominalstil. Zum Beispiel:

Sperriger Nominalstil	Passende Verben
Für die Bearbeitung des Fact-Sheets benötige ich drei Stunden.	***Ich bearbeite das Fact-Sheet in drei Stunden.***
Anlässlich der Einführung des Produktes laden wir herzlich zum Umtrunk ein.	***Wir führen das Produkt ein. Ihr seid zum Umtrunk eingeladen!***

Ähnlich können Sie mit Verwandten der *ung*-Getüme verfahren. Die enden auf:

- *-tion*
- *-ismus*
- *-heit*
- *-keit*
- *-nis*

RETTEN SIE WÖRTER AUS DEM BULLSHIT-BINGO

Kennen Sie Bullshit-Bingo, das man in Meetings spielt? Die Teilnehmenden erstellen vorher eine Liste mit Klischee-Wörtern, Phrasen und Floskeln, die ihrer Meinung nach fallen werden. Wer während des Meetings zuerst alle durchgestrichen hat, gewinnt.

Häufig klingen diese Wörter beim ersten Hören gut, haben aber wenig Gehalt. Wer sie erklären will, wirft schnell mit weiteren Worthülsen um sich. Und auch die hinterlassen ein maues Gefühl. Viele solcher Kandidaten tummeln sich übrigens gern im amtlichen und akademischen Nominalstil. Zweiterer paart sich oft mit Fremdwörtern, obwohl diese in der Regel eine deutsche, ebenbürtige Entsprechung haben. Statt ***teilzunehmen***, wird dann ***partizipiert***.

Klassiker des Bullshit-Bingo:

- *Synergieeffekte*
- *Leidenschaft*
- *nachhaltig*
- *Kraft*
- *transformierend*
- *etwas Besonderes vorbereitet*
- *Potenziale entfalten*
- *höchsten Ansprüchen genügen*
- *Kunde im Mittelpunkt*
- *maßgeschneiderte Lösung*
- *auf Augenhöhe kommunizieren*
- *das große Ganze sehen*
- *unschlagbar*
- *bahnbrechend*
- *beachtlich*
- *Game Changer*
- *No Brainer*
- *Herzensbusiness*
- *Klarheit*
- *innovationsgetrieben*
- *Marken-DNA*
- *Mehrwert schaffen*

Die Bedeutung hinter dem Bullshit benennen

Wenn ein Wort oder eine Floskel eher Idee als greifbare Information ist, dürfen Sie konkreter formulieren. Was bedeutet für Sie *optimieren, Qualität* und *innovativ*? Erklären Sie es am spezifischen Beispiel.

Floskel	Konkreter
Wir optimieren unsere Prozesse.	***Wir verkürzen unsere Bearbeitungszeit von 48 auf 24 Stunden.***
Unsere Küchenmesser zeichnen sich durch hohe Qualität aus.	***Unsere Küchenmesser werden noch Ihren Enkeln Frühstück und Freude bereiten.***
Unser Unternehmen ist innovativ.	***Unser Unternehmen entwickelt jährlich mindestens zwei neue Produkte und modernisiert drei bestehende.***
Weitere Beispiele:	
Unsere Werbekampagne hat Potenzial.	***Drei der beliebtesten Influencer wollen für uns werben.***
Kundenzufriedenheit wird bei uns großgeschrieben.	***Wir beraten auch nach Ladenschluss ausführlich, und das bei Schorle und Keksen.***
Unser Ziel ist eine Win-win-Situation.	***Wenn alle Vertragspartner nach der Besprechung heimlich Luftsprünge machen, haben wir unser Ziel erreicht.***
Wir sind immer am Puls der Zeit.	***Neuigkeiten der Branche erhalten wir nahezu in Echtzeit von unseren Spezialistinnen und Spezialisten.***

? **Reflexionsfrage: *Bedeutung benennen***

Können Sie jedes Wort in Ihrem Text erklären? Welches hinterlässt ein maues Gefühl?

DOSIEREN SIE FACHWÖRTER

Die eigene Expertise wird schnell unterschätzt. So banal es Ihnen erscheinen mag – Wissen, das für Sie selbstverständlich ist, kann für Lesende neu und damit erklärungsbedürftig sein.

Ist Ihre Zielperson vom Fach (siehe Unterkapitel **Wen soll Ihr Text interessieren?**, Seite 18)? Wie viel Vorwissen bringt sie zur Lektüre mit? Stößt sie zum ersten Mal auf das Thema Ihres Textes? Erklären oder vermeiden Sie Fach- und Fremdwörter, wenn Sie sich nicht an ein Fachpublikum richten. Beispiele:

Fach- und Fremdwörter	Einfachere Alternativen
Liquidität	*Zahlungsfähigkeit; finanzielle Mittel; Geldfluss*
Fassade	*Außenwand; Hausfront; Gebäudehülle*
Kondensation	*Feuchtigkeitsniederschlag; Tau*
Sous-vide	*Schongaren auf Niedrigtemperatur; Vakuumgaren*
Kognition	*Denkprozess; Informationen verarbeiten*
Kryptowährung	*virtuelles/digitales Zahlungsmittel; Internetgeld*
obligatorisch	*erforderlich; verpflichtend; Muss*
Perzeption	*Wahrnehmung; Empfindung*
homogen	*einheitlich; gleichartig*
Compliance	*Gesetze werden befolgt, Regeln und Vorschriften eingehalten*
Cross-Selling	*ergänzende Produkte verkaufen; Verkauf verwandter Artikel*
Korrelation	*Zusammenhang; Wechselwirkung; Verbindung*

LÖSEN SIE SAMMELBEGRIFFE AUF

Sammelbegriffe fassen eine Gruppe von ähnlichen Dingen, Konzepten oder Eigenschaften zusammen. Das ist praktisch, wenn Sie eine Übersicht liefern wollen (wie im vorherigen Satz geschehen). In allen anderen Fällen verwässern sie Ihren Text.

Nehmen Sie Ihre Leserschaft mit in Ihre Welt, statt sie ihrer eigenen Fantasie zu überlassen. Fragen Sie sich: Welche Unterkategorien enthält das Wort? Welche davon meinen Sie (nicht)?

Sammelbegriff	Konkrete Formulierung
*Wir müssen in **Technologie** investieren.*	*Wir müssen in künstliche Intelligenz investieren.*
*Eine **Pflanze** belebt sein Büro.*	*Eine Grünlilie belebt sein Büro.*
*Auf der Messe stelle ich **Fahrzeuge** vor.*	*Auf der Messe stelle ich E-Autos vor.*
*Das Meeting lief **gut**.*	*Schon nach zehn Minuten Meeting waren wir uns einig, die App gemeinsam zu entwickeln.*
*Die Entscheidung ist **sehr wichtig**.*	*Die Entscheidung ist wesentliche Voraussetzung dafür, dass unsere Firma an der Börse erfolgreich sein kann.*
*Vor dem Gespräch sollten wir noch **ein paar Dinge** klären.*	*Vor dem Gespräch sollten wir nochmals die Folien der Präsentation durchgehen.*
*Ich habe mir ein kostbares **Möbelstück** gegönnt.*	*Ich habe mir einen handgefertigten Sekretär aus Mahagoni gegönnt.*
*Bedienen Sie sich an der **Obstschale**.*	*Bedienen Sie sich an Äpfeln, Trauben, Pflaumen und Birnen.*
*Sie geht mittwochs zum **Sport**.*	*Sie geht mittwochs zum Squash.*

Ihre Schreibstimme strahlen lassen

Sie wissen nun, wie Sie bessere Textabschnitte und Sätze formulieren und prägnantere Worte wählen. Nun setzen Sie Ihre Schreibstimme in Szene. Die Methode ist schnell benannt: Löschen. Löschen Sie alles, was nicht nach Ihnen klingt. Je kürzer der Text, umso mehr kommt es auf jedes Wort an, das stehen bleiben darf. Löschen Sie austauschbare Formulierungen, Wörter und Silben. Lassen Sie stattdessen Ihre Schreibstimme strahlen!

LÖSCHEN SIE FADE FORMULIERUNGEN

Die folgenden Phrasen schwächen Ihre Aussage, obwohl sie sie vermeintlich unterstreichen. Die dürfen Sie freundlich betrachten und dann furios in die Tonne kloppen:

Überflüssige Formulierungen:

- *meiner Meinung nach*
- *im Übrigen bestätigt sich die Annahme*
- *es ist ebenfalls davon auszugehen*
- *es muss erwähnt werden*
- *nach eingängiger Analyse der Situation lässt sich sagen*
- *mit ziemlicher Sicherheit*
- *der Rest ist Geschichte*
- *das würde den Rahmen sprengen*
- *meines Erachtens*
- *im Großen und Ganzen*
- *vor dem Hintergrund*
- *bei näherer Betrachtung*
- *um es auf den Punkt zu bringen*
- *wie bereits oben erwähnt*
- *unter Zugrundelegung der Annahme*
- *es dürfte hinlänglich bekannt sein*
- *es ist nicht von der Hand zu weisen*
- *in Anbetracht der Tatsache*
- *es versteht sich von selbst*

LÖSCHEN SIE FÜLLWÖRTER

Dosiert sorgen Füllwörter dafür, dass der Text menschelt. Die Lesenden fühlen sich idealerweise als Teil einer Unterhaltung, einerseits. Andererseits verwässern Füllwörter Ihre Aussage und blähen den Text auf. Im schlimmsten Fall wirkt er schwach und Sie unsicher. Probieren Sie es aus. Lesen Sie die folgenden Sätze laut vor, einmal mit, einmal ohne Füllwort:

Mit Füllwort	Klarer ohne Füllwort
Grundsätzlich *sind wir offen für Ideen.*	***Wir sind offen für Ideen.***
Prinzipiell *befürworte ich Ihre Herangehensweise.*	***Ich befürworte Ihre Herangehensweise.***
Im Wesentlichen *geht es darum, effizienter zu arbeiten.*	***Es geht darum, effizienter zu arbeiten.***
Tatsächlich *habe ich bereits einen ähnlichen Auftrag ausgeführt.*	***Ich habe bereits einen ähnlichen Auftrag ausgeführt.***
In der Tat *ist die Lösung vielversprechend.*	***Die Lösung ist vielversprechend.***
Eigentlich *sollten wir die Präsentation noch einmal überarbeiten.*	***Wir sollten die Präsentation überarbeiten.***
Ihr Bericht hat mich ***irgendwie*** *nicht überzeugt.*	***Ihr Bericht hat mich nicht überzeugt.***

Weitere Füllwörter sind zum Beispiel:

- *sozusagen*
- *wortwörtlich*
- *natürlich*
- *praktisch*
- *so*
- *durchaus*
- *überhaupt*
- *am Ende des Tages*
- *quasi*

? Reflexionsfrage: *Persönlicher Wortschatz*

Welche Wörter verwenden Sie zu oft? Welche sind überflüssig, welche gehören zu Ihrer Schreibstimme?

LÖSCHEN SIE ADJEKTIVE UND DOPPELUNGEN

Adjektive liefern zusätzliche Informationen (hier im Satz: *zusätzliche*). Das ist praktisch, aber es gibt einen Haken. Wir lesen sie – und damit die nebensächlichere Information – oft zuerst. Ihre Mission lautet also, Wege zu finden, Adjektive vor Substantiven zu streichen und die Information kreativer zu verpacken.

Formulierungsbeispiel: *Zuverlässige Kundin*

*Die **zuverlässige** Kundin brachte die Unterlagen mit.* Können Sie *zuverlässig* anders ausdrücken? Eignen würde sich ein Beispiel (siehe Unterkapitel **Bessere Textabschnitte schreiben**, Seite 41). Das hat den Vorteil, dass Ihr Text sofort anschaulicher wird: *Die Kundin erschien pünktlich und brachte alle Unterlagen mit.* Das Adjektiv *zuverlässig* braucht es nicht mehr.

Manchmal ist die Information schon woanders im Satz enthalten (Redundanz). Dann können Sie das Adjektiv ersatzlos streichen.

Ein weiteres Beispiel: *Das Ereignis weckte verschüttete Erinnerungen.* Wenn die Erinnerungen erst geweckt werden müssen, sind sie zuvor verschüttet gewesen. Es reicht also, wenn Sie schreiben: *Das Ereignis weckte Erinnerungen.*

Auch auf die Adjektive in den folgenden Sätzen und Formulierungen können Sie verzichten:

- *Die Firma plant eine ~~zukünftige~~ Expansion.*
- *Die Ingenieurin entwickelt ein ~~neues~~ Produkt.*
- *das ~~endgültige~~ Ergebnis*
- *die ~~gemeinsame~~ Zusammenarbeit*
- *die ~~überwiegende~~ Mehrheit*
- *die ~~kreative~~ Lösung*
- *das ~~günstige~~ Schnäppchen*
- *die ~~weltweite~~ Pandemie*
- *~~vollstes~~ Vertrauen*
- *das ~~junge~~ Mädchen*
- *der ~~große~~ Riese*
- *die ~~schmale~~ Gasse*

LÖSCHEN SIE SILBEN

Je kürzer ein Wort, desto verständlicher. Desto schneller kommen Sie, buchstäblich, zum Punkt. Folgende Formulierungen haben eine kürzere Entsprechung:

Sperrig	Kürzer
aus diesem Grund	*deshalb*
in einem Zeitraum von zwei Monaten	*zwei Monate lang*
ein Angebot machen	*anbieten*
an dieser Stelle	*hier*
in Gedanken	*gedanklich*
für den Fall, dass	*falls*
anhand von	*mittels*
aufgrund der Tatsache, dass	*weil*
mit der Absicht, dass	*um*
mit Ausnahme von	*außer*
veranschaulichen	*zeigen*
zu diesem Zeitpunkt	*jetzt*
zum Verzehr geeignet	*essbar*
Ding der Unmöglichkeit	*unmöglich*
am Ende des Tages	*abschließend*
an der Tagesordnung	*täglich*
keine Seltenheit	*häufig*
in Betracht ziehen	*erwägen*
in naher Zukunft	*bald*
es ist erforderlich	*muss*
in der heutigen Zeit	*heute*
in Anbetracht dessen	*da*
in der Lage sein	*können*

Schnelle Hilfe bei Schreibblockaden

FINDEN SIE IHRE INDIVIDUELLE SCHREIBROUTINE

Wieder mal zwischen Meeting und Mittagessen eine Schreibsession reingequetscht? Kein Wunder, dass Sie eine Blockade haben. Doch das leidende Schreibgenie ist ein Mythos. Gute Texte entstehen eher im Rahmen einer entspannt-produktiven Routine. Ob täglich eine Viertelstunde, wöchentlich zwei mal zwei Stunden, oder wann auch immer Sie gut arbeiten können: Räumen Sie der Aufgabe Schreiben bewusst Zeit und Raum ein. Achten Sie darauf, sie Ihrer Persönlichkeit und Ihrem Arbeitsalltag anzupassen, nicht umgekehrt. Idealerweise planen Sie die Schreibphasen (siehe Unterkapitel **Leichter schreiben: Die Schreibphasen**, Seite 36) als einzelne To-dos.

Tipp: *Entspannt-produktiv schreiben*

Eine entspannt-produktive Schreibroutine hat zwei entscheidende Vorteile. Zum einen gewöhnen Sie sich daran, zu einer bestimmten Zeit an Ihren Texten zu arbeiten. Zum anderen arbeitet jemand mit, der sonst Ihre Schreibvorhaben ignorieren würde: Ihr Unterbewusstsein. Es arbeitet weiter, wenn Sie längst einen Sundowner auf dem Balkon schlürfen. Es flüstert Ihnen elegante Formulierungen ein, während Sie staubsaugen. Es entwickelt die besten Ideen, während Sie schlafen oder träumen. Nutzen Sie diese kostenlose Mitarbeit.

BEGREIFEN SIE, WORUM ES IHNEN GEHT

Ihr Text ist zu lang und trotzdem nur halb fertig? Wahrscheinlich fehlt es Ihnen an Klarheit. Springen Sie zu Kapitel II **4 FRAGEN ZUM SCHREIBSTART** (Seite 17) und klären Sie diese.

SCHREIBEN SIE ÜBER ETWAS ANDERES

Schreiben Sie sich warm, indem Sie über etwas anderes schreiben. Sie möchten besonders produktiv prokrastinieren? Wählen Sie einen Text, den Sie ebenfalls veröffentlichen möchten. Möglich sind auch E-Mails oder eine Notiz an Sie selbst.

Thema des Warmschreibens kann auch die Schreibblockade selbst sein. Suchen Sie sich eine oder mehrere der folgenden Fragen aus und schreiben Sie ohne groß nachzudenken drauflos. Alles, was Ihnen in den Sinn kommt, darf formuliert werden (und sei es Ihrer Ansicht nach noch so schlecht).

Schreibfragen:

- Wie fühlt sich die Blockade an? Wie sieht sie aus?
- Welche Aspekte des Textes fühlen sich unklar an?
- Wie sähe das schrecklichste Schreckensszenario für den geplanten Text aus? (Übertreiben Sie, bis Sie lachen müssen.)
- Wie fühlt es sich an, den Text erfolgreich zu veröffentlichen?
- Warum haben Sie lieber die unsympathische Kollegin zum Kaffee eingeladen, statt zu schreiben?

Es gibt kein Richtig oder Falsch. Hauptsache, Sie schreiben. Und wenn Sie schon dabei sind, schreiben Sie anschließend den eigentlichen Text.

VERÄNDERN SIE DIE PERSPEKTIVE

Selbst die routiniertesten Profis sehen irgendwann den Text vor lauter Buchstaben nicht mehr. Zeit für einen Perspektivwechsel:

- Schreiben Sie Ihren Text ausschließlich in Stichpunkten. Ausformulieren können Sie später.
- Lassen Sie den Text eine Nacht ruhen oder erledigen Sie eine körperliche Aufgabe, zum Beispiel die Fenster putzen. Ein Spaziergang tut es auch.
- Verändern Sie das Medium, indem Sie den Text ausdrucken oder auf einem anderen Endgerät lesen.

- Ändern Sie die Schriftart (Word bietet einige kreative Optionen).
- Wechseln Sie den Ort. Schnappen Sie sich Ihren Laptop und gehen Sie in die Bibliothek, in ein Café oder zumindest in einen anderen Raum.
- Ob Museum, Natur oder das Wohnzimmer der Nachbarin: Lassen Sie sich abseits von Bildschirmen inspirieren. Notizbuch oder Smartphone für spontane Sprachaufnahmen nicht vergessen!

VERTRAUEN SIE SICH SELBST

Mangelndes Vertrauen in die eigenen Fähigkeiten kann zu Blockaden führen, die sich so auswirken:

Ausführlich am Text herumdoktern (ewig am ersten oder auch zweiten Satz feilen und minutiös überarbeiten)**:** Haben Sie Angst, schlecht zu schreiben? Rohtexte sind schlecht (siehe Unterkapitel **Leichter schreiben: Die Schreibphasen**, Seite 36). Das ist ihre Aufgabe – und die Voraussetzung dafür, dass sie überarbeitet werden können. Sie haben Angst, dass Ihr Text auch nach der Überarbeitung zu schlecht zum Veröffentlichen ist? Bleiben Sie demütig. Sie müssen nicht besonders klug oder interessant klingen. Legen Sie den einzig wichtigen Maßstab für Gut oder Schlecht an: Kommt Ihre Botschaft bei Ihrer Zielperson an? Textabschnitte und Details, die nicht dazu beitragen, können weg.

Übermäßiges Recherchieren und Planen: Sie wissen mehr, als Sie vermuten. Vertrauen Sie erst einmal auf Ihre eigene Expertise und schreiben Sie. Anschließend strukturieren Sie den Text und recherchieren gezielt. Zu viel Text: paradox, aber ein häufiges Phänomen. Sie sind nicht verpflichtet, alle Aspekte Ihres Themas niederzuschreiben. Ihre Aufgabe besteht vielmehr darin, Nebenschauplätze und entbehrliche Details zu vermeiden. Beschränken Sie sich mutig auf das Wesentliche für Ihre Zielperson.

Angst vor Veröffentlichung und Kritik: Zuversichtlicher zu veröffentlichen können und sollten Sie üben. Starten Sie mit der Veröffentlichung kurzer Texte, die wenig Angriffsfläche bieten. Steigern Sie sich bis hin zu Meinungstexten in Ihrer Schreibstimme. Bald werden Sie sich wünschen, dass mehr Menschen Ihre Texte lesen. Denn die Realität ist eine andere: Um Aufmerksamkeit und Feedback müssen wir uns in der Regel bemühen. Ihre Selbstzweifel dürfen Sie, wie alle Schreibenden einschließlich Profis, als Teil des Schreibprozesses akzeptieren. Denn nur wer dranbleibt, wird gelesen. Das gilt nicht nur für Social-Media-Texte, sondern auch für berufliche Mails und Kundenkontakte.

? **Reflexionsfrage:** ***Haben Sie auch Sprech-Blockaden?***

Der Autor Seth Godin schreibt:

»No one ever gets talker's block. No one wakes up in the morning, discovers he has nothing to say and sits quietly, for days or weeks, until the muse hits, until the moment is right, until all the craziness in his life has died down.«

»Niemand hat jemals eine Sprechblockade. Niemand wacht morgens auf, stellt fest, dass er nichts zu sagen hat und sitzt still da, tage- oder wochenlang, bis ihn die Muse küsst, bis zum richtigen Moment, bis der Wahnsinn seines Lebens abgeklungen ist.«

Quelle: https://seths.blog/2011/09/talkers-block/

IV

VERÖFFENTLICHEN

Täglich werden wir mit Texten überschüttet. Deshalb lohnt es sich, den Ihren strategisch zu veröffentlichen oder zu verschicken.

Das Interesse Ihrer Zielperson wecken

Niemand liest aus Altruismus. Wir fragen uns immer, bewusst oder unbewusst: »Was hab ich von der Lektüre?« Diese Frage sollten Überschriften und Betreffzeilen beantworten oder zumindest erahnen lassen. Dann wecken sie Interesse, und die potenzielle Leserschaft hört auf zu scrollen. Geben Sie Ihrem Text die Chance, gelesen zu werden!

ERKENNEN SIE DIE MOTIVATION IHRER ZIELPERSON

Ihre Motivation, den Text zu schreiben, deckt sich selten mit der Motivation Ihrer Zielperson, den Text zu lesen. Ihre Herausforderung lautet also: Locken Sie sie mit dem, was sie sich wünscht. Geben Sie ihr, was sie braucht. Schließlich gilt auch hier ein PR-Grundsatz: Der Köder muss dem Fisch (Ihrer Zielperson) schmecken, nicht Ihnen als Anglerin oder Angler. An das geeignete Fischfutter kommen Sie in drei Schritten.

Zum Lesen motivieren:

1. Identifizieren Sie Ihren Kerngedanken (siehe Unterkapitel **Was ist der Kerngedanke Ihres Textes?**, Seite 23).

2. Finden Sie das Warum und/oder den Nutzen für Ihre Zielperson heraus.

3. Texten Sie attraktive Betreffzeilen, Überschriften und Zwischenüberschriften.

Zwischenüberschriften (im Blogartikel: H2, H3) gehören auch zu den Überschriften. Texten Sie diese also genauso sorgfältig wie die Überschrift (H1). Gute Zwischenüberschriften bieten zwei Vorteile:

1. Sie gliedern den Text optisch und inhaltlich. So wird der rote Faden Ihres Artikels erkennbar. Probieren Sie es aus: Ignorieren Sie den Fließtext und lesen Sie nur die Überschriften. Wird immer noch deutlich, worum es im Text geht?

2. Sie erhöhen die Chance, dass Ihr Text zu Ende oder überhaupt gelesen wird. Anders gesagt: Sie sind das Einstiegstor für Scanner, also Personen die einen Artikel nur überfliegen. Macht sie eine Zwischenüberschrift neugierig, steigen sie doch noch in den Fließtext ein.

Texten Sie Zwischenüberschriften entsprechend gehaltvoll, aber verraten Sie nicht alles.

Formulierungsbeispiel: *Infos zum Update*
Sie haben als IT-Fachkraft die Aufgabe, ein neues Antivirenprogramm anzukündigen. In einer E-Mail möchten Sie das Kollegium dafür begeistern, was es leisten kann. Demnach könnte der Betreff zum Beispiel so klingen:

Besser geschützte Unternehmensdaten – mit unserem neuen Antivirenprogramm

Kollege Vogt hat viel zu tun. Eine weitere E-Mail – Ihre – poppt in seinem Postfach auf. Ihm ist erst einmal schnuppe, welchen Schutzgrad die Unternehmensdaten haben. Für ihn bedeutet ein neues Programm mehr Aufwand, denn er muss sich einarbeiten. Liest er die E-Mail? Widerwillig, wenn überhaupt.

Bereitwilliger würde Kollege Vogt die E-Mail öffnen, wenn der Betreff sein Warum aufgreift. So könnte der Betreff, beim selben Inhalt, lauten:

NEU: Keine Authentifizierung mehr nötig: Legen Sie ein Passwort für alles fest

ERMITTELN SIE DAS WARUM IHRER ZIELPERSON

Um die Ecke denken

Denken Sie ein oder mehrmals um die Ecke. Halten Sie kurz inne und versuchen Sie, sich in Ihre Zielperson hineinzuversetzen, zum Beispiel so:

»Sie soll X wissen, weil …«

»Sie soll X wissen, damit …«

Was würde sie am meisten am Inhalt meines Textes feiern?
(Herr Vogt aus unserem Beispiel feiert mit Sicherheit, dass er sich nicht ständig authentifizieren muss. Das sind ihm die fünf Minuten, die er braucht, um Ihre E-Mail zu lesen und ein neues Passwort zu erstellen, wert.)

Viermal »Warum?« fragen

Bei Texten, die Ihnen wichtig sind, sollten Sie sich etwas mehr Mühe geben – und viermal »Warum?« fragen, bis Sie auf die Motivation Ihrer Zielperson stoßen.

Ich möchte meine Zielperson für das neue Antivirenprogramm begeistern.

1. **Warum? Weil damit unsere Unternehmensdaten geschützt sind.**
2. **Warum? Weil sich dann niemand mehr Gedanken machen muss und alle entspannter arbeiten können.**
3. **Warum? Weil sie sich nicht ständig authentifizieren müssen.**
4. **Warum? Weil sie einmal ein Passwort vergeben, das für alles gilt.**

Sie brauchen sich natürlich nicht exakt viermal die Warum-Frage zu stellen. Mit der Zeit werden Sie merken, wann Sie den Sweet-Spot erreicht haben.

FINDEN SIE DEN NUTZEN FÜR IHRE ZIELPERSON

Bedienen wir uns der FAB-Methode (Features, Advantages, Benefit – ›Eigenschaften, Vorteile, Nutzen‹) aus der Verkaufsargumentation, die auch in Werbe- und Produkttexten angewandt wird. Schließlich geht es hier im weitesten Sinne darum, den eigenen Text zur Lektüre anzubieten.

Die FAB-Methode: Dafür stehen die Buchstaben F, A und B

Features, also Eigenschaften: Wie würden Sie das Produkt beschreiben?
→ Neues Antivirenprogramm: Schützt Unternehmensdaten.

Advantages, also Vorteile: Was leistet das Produkt? Welche Vorteile bringen die jeweiligen Produktmerkmale mit sich?
→ Neues Antivirenprogramm: Alle im Team können entspannter arbeiten.

Benefit, also Nutzen: Wie äußern sich die jeweiligen Vorteile für die Zielperson? Welche Probleme lösen sie?
→ Neues Antivirenprogramm: Die Mitarbeitenden müssen das Passwort nur einmal statt immer wieder neu eingeben.

Die FAB-Methode auf Texte anwenden

1. Notieren Sie mindestens eine Eigenschaft dessen, was Sie kommunizieren möchten.

2. Notieren Sie zu jeder Eigenschaft bis zu drei Vorteile.

3. Notieren Sie zu jedem Vorteil bis zu drei Nutzen.

4. Wählen Sie einen Nutzen aus, der für Ihre Zielperson am interessantesten ist. Den vermitteln Sie in der Betreffzeile oder Überschrift.

Ist das in der Praxis kompliziert? Nicht so sehr, wie es aussieht. Halten Sie sich einfach an diese Formulierung:

> *Ich biete ... (Feature/Eigenschaft), um ... (Advantage/Vorteil), damit ... (Benefit/Nutzen).*
>
> *Ich biete ein neues Antivirenprogramm, um Unternehmensdaten zu schützen, damit alle im Team entspannter arbeiten können und das Passwort nur einmal statt immer wieder neu eingeben müssen.*

TEXTEN SIE ATTRAKTIVE ÜBERSCHRIFTEN

Bestandteile einer guten Überschrift:

> **Schlüsselwort:** Was würde Ihre Zielperson bei Google eingeben?
>
> **Prägnantes, aktives Verb:** Sorgt für Aktivität im Kopf. Wozu möchten Sie Ihre Zielperson anstiften (siehe Unterkapitel **Treffendere Wörter wählen**, Seite 56)? Finden Sie mehrere Varianten.
>
> **Signalwort:** Welche Emotion soll die Zielperson damit verbinden? Beispiele: *Garantiert* suggeriert Sicherheit, *praktisch* Leichtigkeit und *günstig* Preisbewusstsein.

Das Verb kann auch das Keyword oder Signalwort sein, und umgekehrt.

Vorlagen für Überschriften, nach Absicht (Suchintention):

- Problem: Die (Signalwort) Anleitung, um (Problem) zu lösen
- Lösung: Warum ich mich für (Lösung) entschieden habe – und wie Du (Verb)
- Wunsch: X (Signalwort) Kriterien, die Du bei (Wunsch) beachten solltest
- Ergebnis: Der eine Trick (oder anderes Signalwort), der (Ergebnis/Verb)

Suchkategorien am Beispiel des Schlüsselworts Hatespeech:

- Problem: *Hatespeech erdrückt Dich? Wie Du den Hass nicht an Dich ranlässt*
- Lösung: *5 effektive Strategien, um Hatespeech elegant zu kontern*
- Wunsch: *Trotz Hass laut werden – mit Rückendeckung Deiner Community*
- Ergebnis: *Hatespeech einordnen und souverän die Stirn bieten*
- Service: *Expertin Dr. Laura Ravenhorst beantwortet Deine Fragen zu Hatespeech*
- Beste Wahl: *Ignorieren vs. Argumentieren: Die besten Antworten auf Hatespeech*

Anpassbare Mechaniken, die Ihrer Überschrift einen Rahmen geben:

- Begründen: *warum*
- Anleiten: *wie; so; Schritt für Schritt; Phasen*
- Andere Erklärsätze: *was; wann*
- Warnen: *Fehler*
- Persönlichkeit zeigen: Sagen Sie Ihre Meinung, berichten Sie von Ihren Erfahrungen.

Informationen, die Sie ergänzen können:

- Ein Ergebnis: *um*
- Eine Einschränkung: *ohne*
- Einen Gegensatz: *obwohl; trotzdem*
- Einen spezifischen Zeitrahmen: *in 30 Minuten; morgen*
- Eine konkretere Zielperson: *für schlaue Hobby-Gärtner*innen; für müde Eltern*

Symbole, die neugierig machen:

- Nutzen Sie Zahlen: *3 Gründe; 42 Tipps*
- Stellen Sie eine Frage: *Warum werden wir von Social Media abhängig?*
- Stellen Sie eine Frage und beantworten Sie sie: *Können Bücher das Leben verändern? 5 Ratgeber, die es beweisen*
- Appellieren Sie!: *Keine E-Mails nach Feierabend! So setzen Sie Grenzen*
- Setzen Sie etwas Besonderes in Klammern: *(mit Infografik)*
- Fügen Sie etwas hinzu: – mit einem Gedankenstrich.

Tipp: *Die KI texten lassen*

Die attraktivste Überschrift oder der beste E-Mail-Betreff fallen uns in der Regel erst ein, nachdem wir mehrere Varianten geschrieben haben. Überlassen Sie diese Arbeit doch der KI. Ein Prompt könnte lauten:

> *Ich schreibe einen Blogartikel über [Ihr Thema]. Die Lesenden sind [Ihre Zielgruppe]. Sie sollen erfahren, warum XXX wichtig ist und nach der Lektüre XXX tun. Das Keyword lautet XXX. Liefere mir 10 Ideen für Überschriften.*

6 Regeln für präzise Überschriften

Eine Überschrift enthält wenige Worte. Jedes davon sollte eine Funktion erfüllen (wenn nicht, weg damit). Formulieren Sie daher präzise:

1. Ein Kerngedanke / spezifische Lösung pro Text (siehe Unterkapitel **Was ist der Kerngedanke Ihres Textes?**, Seite 23). Sie sollte sofort deutlich werden. Deshalb eignen sich Überschriften selten für Metaphern, Sprichwörter und komplizierte Fremdwörter.

2. Im Zweifelsfall: Das Wichtigste nach vorne.

3. Machen Sie die Personen sichtbar: *Sie/Du; ich als erfahrener SEO-Texter*.

4. Benennen Sie konkret: *ein* wird zu *das*.

5. Wählen Sie ein ungewöhnliches Wort, über das man stolpert: *Business-Blabla; Hauruckaktion; Schnittchenjäger*.

6. Ersetzen Sie allgemeine durch spezifische Wörter: *Gründe* statt *Dinge*.

Tipp: *Mit Betreffzeilen von Newslettern auffallen*
Blogartikel werden von Google an eine unbekannte Leserschaft ausgespielt und brauchen deshalb aussagekräftige Überschriften. Beim Newsletter hat sich Ihre Zielperson bereits dazu entschieden, genau von Ihnen lesen zu wollen. Deshalb kommt es hauptsächlich darauf an, im Posteingang aufzufallen. Ihre Betreffzeilen sollten also neugierig machen und dürfen ab und zu auch weniger spezifisch getextet sein. Zum Beispiel: *Das hat mich überrascht.* Oder: *Zu privat?* Häufig funktioniert auch ein einzelnes Wort, beispielsweise: *Final.* Wichtig: Der Betreff muss zum Inhalt des Newsletters passen.

Ihren Text für fertig erklären

Sie können Ihren Text in Endlosschleife überarbeiten. Irgendwann aber sollten Sie entscheiden, dass er fertig ist. Und den Mut aufbringen, ihn zu veröffentlichen oder zu verschicken.

Mut brauchen Sie vor allem bei Texten, in denen Ihre Schreibstimme präsent ist und/oder in die Sie viel Mühe gesteckt haben. Das klassische Beispiel wäre eine »Über mich«-Webseite, aber auch der Vorschlag für ein Projekt, das Sie unbedingt im Unternehmen realisieren möchten.

Sie zögern? Versuchen Sie, die Situation rational zu betrachten, indem Sie an Ihre eigenen Lesegewohnheiten denken. Wie oft nehmen Sie die Texte anderer nur flüchtig wahr, überfliegen sie kurz oder scrollen gedankenlos weiter? Auch Ihr Text ist einer von vielen und kann leicht übersehen werden. Die Lösung lautet also: veröffentlichen, mutig darauf hinweisen oder gar bewerben, gleich den nächsten schreiben.

DAS SCHLÜSSIGE KONZEPT

Können Sie die Fragen aus Kapitel II **4 FRAGEN ZUM SCHREIBSTART** (Seite 17) klar beantworten? Haben Sie die Antworten im Text umgesetzt?

DER FRISCHE BLICK FÜR DIE KOSMETISCHE ÜBERARBEITUNG

Wenn wir lange an einem Text arbeiten, gewöhnen wir uns an Fehler und nehmen sie als korrekt wahr. Den frischen Blick erlangen Sie so:

1. Wechseln Sie das Medium. Sie können den Text ausdrucken oder auf einem anderen Endgerät lesen. Für Eilige: Wechseln Sie die Schriftart. Verändern Sie den Text selbst jedoch nicht!

2. Lassen Sie den Text liegen. Die eine Nacht wirkt Wunder. Für Eilige: Spazieren Sie einmal um den Block, spülen Sie ab, gehen Sie duschen.

3. Lesen Sie den Text laut vor. Funktionieren die Übergänge? Liest er sich flüssig? Klingt er nach Ihnen?

Sollten Sie bereits länger am Text ziehen und zerren, ändern Sie nur die Stellen, die Sie überhaupt nicht vertreten können. Ein Text wird nicht automatisch besser, je öfter wir ihn anfassen. Im Gegenteil. Zu viel Gezerre verschlimmbessert. Lassen Sie los!

Reflexionsfrage: *Fertig definieren*
Wie viele finale Versionen erlauben Sie sich, bevor Sie einen Text für fertig erklären?

DER KONSTRUKTIVE BLICK VON AUSSEN

Selbstverständlich sind auch Blicke von anderen hilfreich. Achten Sie darauf, nur kompetente Menschen um Feedback zu bitten. Ratschläge sind meist gut gemeint, aber nicht immer konstruktiv.

Auch Sie selbst können dafür sorgen, hilfreiche Rückmeldungen zu erhalten. Sagen Sie der Person ganz genau, was Sie wissen wollen. Diese Fragen können Sie beispielsweise stellen:

Fragen Sie nach dem Gesamteindruck:

- In Ihren eigenen Worten: Worum geht es in meinem Text?
- Was hat Ihnen an meinem Text besonders gefallen? Was gefällt Ihnen weniger?
- Würden Sie den Text meiner Zielgruppe empfehlen? Warum oder warum nicht?

Fragen Sie nach Inhalt und Struktur:

- Welche Argumente entnehmen Sie meinem Text? Können Sie alle Aussagen und ihre Begründungen nachvollziehen?
- Gibt es Textstellen, die unklar oder schwer zu verstehen sind?
- Lesen sich die Übergänge zwischen den Absätzen flüssig?
- Gibt es Ansätze, über die Sie ausführlicher hätten lesen wollen? Gibt es überflüssige Textabschnitte?
- Erkennen Sie eindeutig Einleitung, Hauptteil und Schluss?

Fragen Sie nach Stil und Sprache:

- Passt der Schreibstil zu meiner Zielgruppe?
- Gibt es Stellen, die zu formell oder zu umgangssprachlich formuliert sind?
- Lesen sich die Sätze flüssig?

VERÖFFENTLICHEN UND DARAUS LERNEN

Das Gespür für einen fertigen Text entwickeln Sie nur durch Praxis. Die Zauberworte heißen also Schreiben und Veröffentlichen. Erst dann erhalten Sie wertvolles Feedback von Ihrer Zielperson und können beurteilen, ob Ihr Text für Sie arbeitet.

Reflexionsfrage: *Wann ist gut gut genug?*
Mit der Schreibpraxis verändern sich die Kriterien, an denen wir gute Texte messen. Reflektieren Sie regelmäßig, welche Ihnen wichtig sind: Effizienter, stilsicherer, mit mehr Persönlichkeit? Investieren Sie bei Bedarf in gezielte Weiterbildung.

Ihren Text in Form bringen

Jede Textsorte (siehe Unterkapitel **Was soll Ihr Text bewirken?**, Seite 27) bringt Anforderungen an Formatierung und Layout mit sich. Sie erhöhen die Chance, dass Menschen, die Ihren Text erst einmal überfliegen oder querlesen, sich doch noch in die Lektüre von Anfang bis Ende vertiefen. Außerdem erhöhen sie die Lesefreude. Wer watet schon gerne durch Textwüsten? Planen Sie also ausreichend Zeit für die Formatierung Ihres Textes ein.

Formatieren Sie Ihren Text

- Header, Betreffzeile, Textvorschau, Metatext
- Zwischenüberschriften
- Hervorhebungen: fett, kursiv, unterstrichen, markiert
- Seitenzahlen, Fuß- und Endnoten
- Stichpunkte, Aufzählungen, Zitatblöcke
- Bilder
- Infoboxen, Kästen, Grafiken, Tabellen
- Interaktive Elemente, beispielsweise Links, Umfragen, eingebettete Videos

Tipp: ***Das Format mitschreiben lassen***

Beachten Sie bei längeren Print- und auch bei Online-Texten die Formatierung von Anfang an. Das hilft Ihnen, klarer zu formulieren und den roten Faden beizubehalten.

ANHANG

9 goldene Regeln für gute Texte

1. Ein guter Text erreicht Ihre Zielperson.
2. Den perfekten Text gibt es nicht.
3. Werden Sie sich vor dem Schreiben bewusst, was Sie wem sagen möchten.
4. Denken Sie auch mal schreibend nach.
5. Genießen Sie den Schreibprozess.
6. Erweitern Sie Ihren Wortschatz regelmäßig, besonders die Verben.
7. Kürzen verbessert Ihren Text.
8. Je öfter Sie schreiben und veröffentlichen, desto besser werden Ihre Texte.
9. Bleiben Sie sich treu – und schreiben Sie in Ihrer Schreibstimme.

Schreiben mit KI: Eine subjektive Prognose

Künstliche Intelligenz wird die Entstehung von Texten radikal verändern. Schon heute brauchen Sie zum Schreiben nicht zu tippen. Sie können Ihren Text (in Ihrer Stimme!) diktieren und von der KI transkribieren und feinschleifen lassen. Je intelligenter die KI, desto bedeutsamer werden:

- die eigene Schreibstimme;
- Text-Konzept und Verständnis für die Zielgruppe (siehe Kapitel II **4 FRAGEN ZUM SCHREIBSTART**, Seite 17);
- Möglichkeiten, die Zielgruppe überhaupt zu erreichen;
- Fähigkeiten, die KI zu bedienen.

Wer die KI zeitig für eigene Texte nutzt, schreibt effizienter und kann auch mit weiteren Entwicklungen mithalten. Vorteile hat, wer:

- Prompts texten kann und damit die KI im eigenen Sinne steuert;
- Templates und Vorlagen für wiederkehrende Textsorten sammelt, um die KI damit zu füttern (siehe im Unterkapitel **Was soll Ihr Text bewirken?** die Punkte »Aufbau Pressemitteilung, Newsletter, LinkedIn-Post« [ab Seite 27] und im Unterkapitel **Das Interesse Ihrer Zielperson wecken** den Abschnitt »Mechaniken für Überschriften« [Seite 77]);
- unterschiedliche Formen von KI kennt und nutzt. Aktuelle Beispiele finden Sie in den Link-Empfehlungen.

Literaturempfehlungen und nützliche Links

Cameron, Julia / Bryan, Mark / Allen, Catherine (2001): *Der Weg des Künstlers im Beruf. Das 12-Wochen-Programm zur Steigerung der Kreativität*. München: Droemer Knaur.

Clark, Roy Peter (2008[10]): *Die 50 Werkzeuge für gutes Schreiben*. Berlin: Autorenhaus Verlag.

Duistermaat, Henneke (2014): *Blog to Win Business: How to Enchant Readers and Woo Customers*. Liverpool: Enchanting Marketing.

Elbow, Peter (1998[2]): *Writing With Power: Techniques for Mastering the Writing Process*. New York: Oxford University Press.

Goldberg, Natalie (2014[4]): *Schreiben in Cafés*. Berlin: Autorenhaus Verlag.

Handley, Ann (2022[2]): *Everybody Writes: Your New and Improved Go-To Guide to Creating Ridiculously Good Content*. Hoboken: Wiley.

Hoffmann, Monika (2017): *Besser schreiben für Dummies*. Weinheim: Wiley-VCH Verlag.

Khullar Relph, Natasha (2016): *Shut Up and Write: The No-Nonsense, No B.S. Guide to Getting Words on the Page*. Selbstverlag.

King, Stephen (2011): *Das Leben und das Schreiben: Memoiren*. München: Heyne.

Lakoff, George / Johnson, Mark (2021[10]): *Leben in Metaphern: Konstruktion und Gebrauch von Sprachbildern (Systemische Horizonte)*. Heidelberg: Carl-Auer.

Lamott, Anne (2004): *Bird by Bird – Wort für Wort. Anleitungen zum Schreiben und Leben als Schriftsteller*. Berlin: Autorenhaus Verlag.

Levy, Mark (2010[2]): *Accidental Genius: Using Writing to Generate Your Best Ideas, Insight, and Content*. San Francisco: Berrett-Koehler Publishers.

Märtin, Doris (2019[5]): *Erfolgreich texten: Klarer schreiben – Überzeugender ansprechen – Wirkungsvoller kommunizieren*. Frankfurt am Main: Bramann Verlag.

Rico, Gabriele R. (2004): *Garantiert schreiben lernen*. Reinbek: Rowohlt.

Rorig, Daniela (2023[2]): *Texten können: Das neue Handbuch für Marketer, Online-Texter und Redakteure. Mit Checklisten und Schreibtraining für alle Web-Textarten*. Bonn: Rheinwerk Verlag.

Scheuermann, Ulrike (2021[3]): *Wer reden kann, macht Eindruck – Wer schreiben kann, macht Karriere: Das Schreibfitnessprogramm für mehr Erfolg im Job*. Wien: Linde Verlag.

Schneider, Wolf (2001): *Deutsch für Profis*. Hamburg: Goldmann Verlag.

Stein, Sol (2015, Neuauflage): *Über das Schreiben*. Berlin: Autorenhaus Verlag.

Wolfsberger, Judith (2021[5]): *Frei geschrieben: Mut, Freiheit und Strategie für wissenschaftliche Abschlussarbeiten*. Wien: Böhlau Verlag.

Zinsser, William (2007): *Nonfiction schreiben: Reisebericht, Biografie, Kritik, Business, Fach- und Sachbuch, Wissenschaft und Technik*. Berlin: Autorenhaus Verlag.

Herzlichen Dank an Maren Martschenko, von der ich nicht nur die FAB-Methode, sondern viel über die Selbstständigkeit gelernt habe.

HILFREICHE KI:

Duden Mentor:
https://mentor.duden.de

Deepl Write:
https://www.deepl.com/de/write

Wolf-Schneider-KI:
https://reporterfabrik.org/wski-editor/

40 RHETORISCHE MITTEL FÜR DIE TEXT-ANALYSE:

https://learnattack.de/journal/40-wichtige-rhetorische-mittel-textanalyse/

WEBSEITEN DER AUTORIN:

Schreibcoaching »Die Welt in Deinen Worten«:
www.indeinenworten.de

Anke Ernst – Autorin und Schreibmentorin:
www.anke-ernst.net

ZUSÄTZLICHES MATERIAL EXKLUSIV FÜR LESER*INNEN DIESES RATGEBERS:

www.indeinenworten.de/duden-gute-texte

Notizen für eigene Textprojekte

Register

Ebenfalls in dieser Reihe erschienen

Einfach können – Gendern
ISBN 978-3-411-75693-3

Einfach können – schriftliche Arbeit
ISBN 978-3-411-74574-6

Einfach können – diskriminierungsfreie Sprache
ISBN 978-3-411-75694-0

Mehr zum Thema

www.duden.de

Peter Linden

Handbuch Stilsicher schreiben

ISBN 978-3-411-74079-6

Redaktion: Dr. Laura Neuhaus

Umschlaggestaltung, Layout und Satz: Carsten Aermes

www.duden.de

www.cornelsen.de

1. Auflage, 1. Druck 2024

Druck: H. Heenemann, Berlin

ISBN 978-3-411-75695-7

Auch als E-Book erhältlich unter: ISBN 978-3-411-91442-5